今生就这样开始

王臣 著

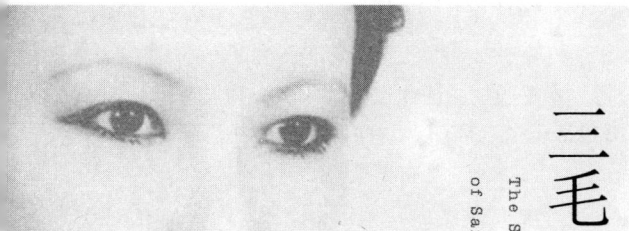

The Sketch
of San Mao

三毛 传

C²S 湖南文艺出版社
中南出版传媒集团
PUBLISHING & MEDIA
HUNAN LITERATURE AND ART PUBLISHING HOUSE

博集天卷
CS-BOOKY

图书在版编目（CIP）数据

今生就这样开始：三毛传 / 王臣著. — 长沙：湖南文艺出版社，
2012.11
ISBN 978-7-5404-5804-1

Ⅰ. ①今… Ⅱ. ①王… Ⅲ. ①三毛（1943~1991）– 传记
Ⅳ. ①K825.6

中国版本图书馆CIP数据核字(2012)第231372号

上架建议：文学·人物传记

今生就这样开始：三毛传

作　　者：王　臣
出 版 人：刘清华
责任编辑：丁丽丹　刘诗哲
监　　制：蔡明菲　潘　良
策划编辑：邹和杰
特约编辑：张建霞
版式设计：李　洁
封面设计：天行健
出版发行：湖南文艺出版社
　　　　（长沙市雨花区东二环一段 508 号　邮编：410014）
网　　址：www.hnwy.net
印　　刷：北京嘉业印刷厂
经　　销：新华书店
开　　本：880mm × 1270mm　1/32
字　　数：177 千字
印　　张：8
版　　次：2012 年 11 月第 1 版
印　　次：2013 年 1 月第 2 次印刷
书　　号：ISBN 978-7-5404-5804-1
定　　价：29.80 元
（若有质量问题，请致电质量监督电话：010-84409925）

目录 Contents

每想你一次，

天上飘落一粒沙，

从此形成了撒哈拉。

这是三毛写给荷西的话。

文章写得好的女子不少。林徽因旖旎，萧红真切，张爱玲通透。而三毛，朴素又动人。温柔清媚当中有一种缓缓慢慢渗透而出的深刻。并且是痛的，但痛而不悲。依然是有暖，是有光的。是有希望的。可这希望，她分寸不留地传递给世人，没有给自己留下半点余地。

爱太深重，深重如生命。深重至此的爱，大约亦只能以生死度量。

而三毛去时，却是伶仃一人。所有的热烈过往都已逝散都已寂静的那个夜里，她终于落定了决心，随他而去。

三毛。

三毛。

三毛。

是多少人恋慕过的女子。是多么好的人。而今，她走了好些年了。我竟又要一遍又一遍地，在这些苍寂的深夜，回顾她的人生。回顾她的童年、少年，以及热烈又仓皇的青春。甚至，那些孤凉绝望的老去。还有那些，她历经过的人，历经过的爱，历经过的得与失，历经过的悲喜、伤欢。

三毛的生命如一场旅行，路遇之爱、之喜、之男女都是注定要离散的风景。细丽的，壮阔的。葱郁的，苍茫的。在三毛的步迹行旅当中，最终都只能被映射在她的笔下，她的朴素文字里。孤独又无依地存在下去。观者唏嘘，她却自成完满。

今生只当最后一世。假如还有下辈子，她大概依然只能选择这样的行轨，来将生命铺叙、延展并圆满。不管不顾。

为三毛立传，实是荣耀。写作这本书时，一直在听的是《回声·三毛作品第15号》。当中每逢三毛轻声低语的独白时分，总是心中一震。好亲切的声音，却又分明已好遥远。远到我这一生这一世恐都无法再靠近。

常常我跟自己说，
到底远方是什么东西。
然后我听见我自己回答，
说远方是你这一生现在，
最渴望的东西就是自由。

很远很远的，
一种像空气一样的自由。

在那个时候开始我发觉，
我一点一点脱去了，
束缚我生命的，
一切不需要的东西。

在那个时候海角天涯，
只要我心里想到我就可以去。
我的自由终于，
在这个时候来到了。

……

　　歌是潘越云唱的。听的时候，夜深人寂，手边一册被翻旧的《撒哈拉的故事》。那时分，世界只属于这几行歌词，只属于三毛小姐的前尘往事。也只属于忧郁，只属于细微的光。

而关于三毛小姐的一生，要怎样讲说呢。这实在也不是一件容易的事。她的荷西。她的旅行。她的那些命中注定。每一件，每一桩，都令我忧悒难书。而爱她的人实在好多，每一个人心里都住着一位独一无二的三毛小姐。但而今，我又实在想要写下一点什么。怕是也不得不有所偏颇了。

但你一定知道，我笔下的便也只是我所读、所知、所心念的三毛小姐。是住在我自己心里的那位三毛小姐。倘若你不介意，那么我实在也是心悦并且荣幸的，也实在是欢迎你抵达这处孤单岛屿。与我一同探访，写那旧年月里，发生在山城中，发生在古都里，发生在遥远台北的，已故的事。

前几日再一次读起王小波的书信集《爱你就像爱生命》。

他这样说起他的爱：

我会不爱你吗？
不爱你？
不会。
爱你就像爱生命。

这是他写给李银河的话。每读每心碎。

世间至爱，莫过如此。

一如你对荷西的。
一如你对文字的。
一如你对旅途的。
一如你对生命的。

一如，我对你的。

引至此处，怀念你。
亲爱的，三毛小姐。

王臣

2012年8月

倾谈一 | 爱到日照沧海时

01 | 回声

故事，还是得从我的少年时代说起。

———

三毛在《回声·三毛作品第15号》里第一首《轨外》当中的独白。是。故事，还是得从你，亲爱的三毛小姐的少年时代说起。潘越云的声音澄净又温柔，纯真得仿佛那一帧一帧的旧年画面再度跃出。灵动如电影，要在目下演绎。

她唱：

胆小的孩子怕老师，
那么怕，怕成逃亡的小兵，
锁进都是书的墙壁。

一定不肯，不肯
拿绿色的制服，跟人比一比。

还有齐豫。

她一唱，童真都变得心酸了：

哪家的孩子不上学，
只有你自己自己最了解。
啊——
出轨的日子，
没年没月没有儿童节。
小小的双手，
怎么用力，也解不开，
是个坏孩子的死结。

那时候，你还是个不谙世事的女童。
孤自生活在颠沛流离的梦中。

1943年3月26日。三毛出生在重庆。那一年，老男人John Denver（约翰·丹佛）也出生在遥远的大洋彼岸。他唱着Take Me Home，Country Roads（《乡村的路，带我回家》）的那些时年，三毛正在台北书写她的《撒哈拉的故事》。而他与她，竟也先后都在90年代，与这浊杂的人世告别。天才都仿佛是注定要寂寥一生的。孤单地来，落寞地走。

一首歌，一个年代。
一本书，一段传奇。

从苍旧的民谣里，因着这浓重的心念，我看见的亦只是这一处，身着波希米亚长裙的落寞女子，归向郊野，归向沙漠。

归向无尽的路途。

三毛，本名陈懋平。"懋"字是真不好写，她也是这样认为的。所以，年幼的三毛总想着，要是可将这"懋"字略去，写名字的事也就简便多了。而这念头，一想，再想，便在心底盘固了。

后来，这倔强的小女子，竟自作主张地将这"懋"字略去，给自己改了名字，叫"陈平"。三毛的父亲，叫陈嗣庆。关于这三毛改名的事，陈嗣庆还曾在专门为女儿写的题为《陈家老二》的文章里记录下了它。他写：

我的女儿陈平本来叫作陈懋平。"懋"是家谱上属于她那一代的排行，"平"是因为在她出生那年烽火连天，作为父亲的我期望这个世界再也没有战争，而给了这个孩子"和平"的大使命。后来这个孩子学写字，她无论如何都学不会写那个"懋"字。每次写名字时，都自作主张把中间那个字跳掉，偏叫自己陈平。

不但如此，三毛甚至还总偏要淘气地将"陈"字的左耳写到右边，变成她想要的样子。而这些活泼小事发生的那一年，她三岁。也是因了三毛的缘故，陈嗣庆在给三毛的弟弟们取名时也便将"懋"字拿去了。

三毛小姐，祖籍河南。相传陈氏一宗四百年前，由河南迁居浙江，后乘舟抵达定海。而三毛原乡据说便是舟山市定海区小沙乡的陈家村。祖父名陈宗绪，育有两子。长子陈汉清，次子陈嗣庆。皆是律师。

陈嗣庆出生于上海，复旦大学法律系毕业，是律师。而据三毛回忆，父亲陈嗣庆自幼最大的理想却是成为运动员。各种体育项目，他皆是极擅长的。年逾六十又迷上登山，七十过后依然热衷运动。但人生总是如此，充满奇趣。起初，尚不知前路窄阔，只知一味向前。以为终点定是山色开阔，却不想，颠沛流离又辗转，抵达的是碧水清溪一线天。但这也是好的。

时岁不居，好似旅途。
那些儿时的梦与理想。

陈嗣庆与三毛的母亲缪进兰相识时，虽尚是初出象牙塔的少年郎，也实已是个心地开阔的男子。彼时，缪进兰年方十九，正当妙龄，实值好时光。是接受过良好教育的大家闺秀，是上过"洋学堂"的知性女子。

二人相遇，两厢看着，只觉那人样样都好的。也只有因了这样的情钟，缪进兰方才生了那勇气，在两人交往一年之后，弃学出嫁，放弃了在上海沪江大学新闻系就读的机会，嫁给了陈嗣庆，当了陈家夫人。彼时，也就只有二十岁的样子。

愿得一人心，白首不相离。是为女子，在那老旧的岁月里，在十里洋场的上海滩，当真也只有这样一件事方才是重要的。彼时，三毛尚未出世，而将来的她也并不知道，这一生一世，若能活得跟母亲一般安好，已是至深的福气了。

陈嗣庆与缪进兰都是知识分子，又实在是举案齐眉的情深伉俪，若是在今时今日，倒也显得寻常了。唯有在乱世，那情之烈热爱之深刻看过去方才显得壮阔。也是唯有在乱世，方才能得见那今近绝迹的深久感情了。

但亲爱的三毛小姐，见得了，历经了。

三毛出生在抗日年间，彼时上海已沦陷。陈嗣庆婚后不甘生活在沦陷区受故土侵略辱，也恰逢后方需要，便只身前往了重庆。当时，缪进兰已有身孕，为了避免妻子孕身奔波，陈嗣庆便只能孤自离开，与妻暂别。世事纷繁，又多乱扰，也便因此，那些情里情外生生便多出许多身不由己跟无可奈何。

只是不想，这一别，竟别过了一暑又一寒。

直到诞下长女陈田心之后，缪进兰在父母敦促之下方才下定决心，赶赴重庆与夫君会聚。倒是那祸乱时年，缪进兰一介弱质女流是如何在战乱当中怀抱初生婴孩长途跋涉流离又颠簸地艰难抵达重庆的，无人可知。

而这段经历，却成为日后子女不可缺的枕边故事，日日寻着母亲来讲。彼时，三毛尚幼，虽不通儿女情长，但后来倒也知道，父亲跟母亲是真真应了故事童话当中之所谓地久天长的。

待缪进兰携女抵达重庆之后，陈嗣庆兄长陈汉清一家也携儿带女来到后方。兄弟二人密不可分，两家人齐居一室，直至移居台湾，也是未曾分离。陈氏兄弟手足之情深亦是不言自明的。两家亲近至三毛甚至唤大伯母即陈汉清之妻为"妈妈"，而称呼自己的母亲为"姆妈"。

1948年，时局大变。陈氏兄弟举家移居台湾。

那一年，三毛五岁。

时光如水。

孤独的，
　总是那一颗，
　细瘦的心。

那些时年，幸你年幼，似永无止息的劳碌或是奔波，在你记忆当中存印下来的只是，匆匆，又朦胧。虽那几年时局混乱，但这之于三毛而言，并未在她的生命刻下不灭的印记。陈家家境良好，三毛也一直过着相对优渥的生活。

在徙居台湾之前，三毛一家曾在南京宿住了几年。鼓楼区，头条巷4号。是三毛的家。在老旧的南京城里，陈家宅院的二楼有一间阅览室。是陈氏兄弟专门辟出来供上学子女使用的微型图书馆。彼时，三毛的长兄长姐们，有的入读中央大学，有的念了金陵中学，最小的也开始上学。

只有三毛，日日与那仿佛永无止境的丰盛童年孤依做伴。三毛曾在文章里写过一名叫作"兰瑛"的女子。兰瑛的身上大约也是背负了沉重往事的。在战乱的时年，她孤身一人携子逃难。因她与陈家的老仆人是远亲，她和儿子便入了陈家，得以被收留。虽是做陈家女佣，但陈家上下都待母子二人极好。

唯独三毛例外。

兰瑛的儿子在三毛的笔下被唤作"马蹄子"。各长兄长姐入校念书的时间，家中多半便只有三毛一个女童。玩伴是没有的，直到"马蹄子"的到来，那漫长时光打发起来方才有了些许的欢意。只是三毛怕极了"马蹄子"头上的瘌痢。且那方寸头皮上又总抹了些白粉。看上去甚至污浊。

每每兰瑛不注意，"马蹄子"靠三毛太近些的时候，她总是要匆匆躲开。那时候，三毛也实在是讨厌他的。但若没有了他，三毛想，那童年的好似漫长的记忆也是要逊色几分的。

而她又天性早慧。那静深的宅院里，除了玩伴，她仍是有需求。而这需索亦只有在那并不宽敞的阅览室里方才能得一二慰藉。"那个地方什么都没有，就是有个大窗，对着窗外的梧桐树。房间内，全是书。"也因此，她与文字之间的缘，终于有了着落。

童书。是，起先她所阅读的也都只是童书。张乐平是三毛读到被记下的第一个作家。他创作的漫画作品《三毛流浪记》则是三毛记下的第一册书。后来又读了《三毛从军记》。虽也只是漫画，但也确实给予了三毛一段好是愉悦的时光。

而三毛与张乐平之间的缘分亦是始于此时。热爱三毛的人那么多，却没有几个人知道张乐平这位"漫画人物三毛之父"后来竟成了作家三毛的干爹。

三毛当年家中还有一套商务印书馆出版的童书。是由鼓楼小学的校长陈鹤琴先生所编。后来，三毛竟也入读了鼓楼小学，成了陈鹤琴先生的学生。

不过三四岁的年纪，诸如《木偶奇遇记》《格林童话》《安徒生童话集》《爱的教育》《苦儿寻母记》《爱丽丝漫游仙境》等童书也都被三毛一一翻阅过。虽是"目不识丁"，但也不知怎的，翻书读画，倒令她十分快乐。

用她自己的话说，她是先看书，后认字的。

又仿佛是等待了几生几世，那一日，三毛小姐被告知可以入学了。但遗憾的是，日盼夜盼而至的欢喜不过是昙花一现。太匆匆。在鼓楼幼儿园入学不多久，内战接近尾声，国民党战败，陈氏兄弟便做好了徙居台湾的准备。

那日下午，她正在家中闲耍。日光甚好，她立在宅院里的假山前看蚕。实是一段好安稳的辰光。却被遽然闯入的哭声惊破。待小女子循声望去，只见家中老仆怨愁极深地立在角落。三毛还记得，那些年通货膨胀好是厉害，那个下午姐姐与自己的手里尚握有一大沓金圆券玩耍。

她不知发生何事，姐姐亦不知。二人蹑手蹑脚踱至老仆身旁，细细一问，方才知道，这沧桑古丽的南京城是待不久了。她亦不知，远方那一座寂寞岛屿是何模样。

是年，她五岁。临行那夜，她孤自躺在窄小的床上，无法入睡。似心无所想，却又实实在在有着满满当当的情绪。早熟独立的性格特征是这样实实在在又来势汹汹地渗出她的身体来。彼时，她大约并不知晓，有一种隔世的乡愁，是夜不能眠。

只是知道，她，要去台湾了。

她就这样，在后知后觉的忧伤里与南京告别。以一种此生不复再见的绝望姿态。而那时候，她还是那样年幼，那样瘦小。南京。
这座古旧苍丽的老城，孤自矗立在苍茫大地之上。那一种桑榆之年
的底蕴和悲怆是它留在三毛记忆深处最初的印象。也极可能会变成
唯一的印象。

乘中兴轮，渡往对岸。

而，台湾，在中国地图上，亦只是一座孤单岛屿。隔着海峡，
与大陆遥遥对望。这当中横亘的，并不只有汤汤之蓝水、浩瀚之波
涛。还有，那一种，真真切切几生几世亦不能决断的遥远乡愁。

小时候，
乡愁是一枚小小的邮票，
我在这头，母亲在那头。

长大后，
乡愁是一张窄窄的船票，
我在这头，新娘在那头。

后来啊，
乡愁是一方矮矮的坟墓，
我在外头，母亲在里头。

而现在，
乡愁是一湾浅浅的海峡，
我在这头，大陆在那头。

　　余光中的《乡愁》。亲爱的三毛小姐，那年，你随双亲离开南京远赴台湾时，大约并不知道这世上竟有人将你窄瘦幼嫩的心里那一种莫可名状之情愫表达得这样深切，哀伤，悲念不绝。

　　写得，这样好。

03 | 岛屿

台北。松江路。

三毛在台湾的第一个家便是在这里。风清月朗的旧时光，喧嚣聒噪的新街巷。她也不知，这一生一世，是从这里，方才算真正有了一个匆忙的开始。从松江路的一处日式平房开始，陈氏兄弟两家共十二人开始了他们的台北生涯。

几年之后，因子女年岁渐长，陈嗣庆便举家搬迁到相隔不远的合江街36巷32号。住的依是如从前一般模样的日式房屋。在这并不宽敞的素舍之内，三毛才真真开始了自己的岛屿生活和童年时光。粉金色的，幼嫩纯真的，却早早渗透出沧桑质感的。

光复初期的台北，除了昔日日本总督府等少数建筑，城内几乎皆是低矮的日式木造平房。日本战败之后，台湾方面接手日本产业，遣返日本军民之后，腾挪一空的日式平房大多分配给迁徙来台的公教人员居住。

在几处日式小房当中，三毛小姐开始了自己漫长又短暂的童年时光。多年之后，那些旧日时光沉淀下来，流注于她的笔端，便就成了一篇又一篇童贞光亮的文章。那些小事，是真的微细又琐碎的。但记忆这回事，滤过存留下的，往往总是那些微不足道却每每念及都有崭新领悟的，微小的事。

有迹可循的，那些童年往事却也并不多。

最年久的，大约是那一篇《胆小鬼》。当中写的是关于三毛小姐幼年"偷钱"的往事。而关于这件事，依照三毛小姐的话说，便是"这件事情，说起来是十分平淡的"。人，总是想要自由，总是想要更多。那么年幼的时候，她便知道这个道理。

五元钱，她从母亲的五斗柜上"窃"来，揣在兜里如坐针毡地度过了整整一个下午。而彼时，这件小事，之于那么年幼的她而言，又实在是沉重如天的大事。所有的意念都在与那一张红色纸币纠缠，交织。直至傍晚。

"我赤着脚快步跑进母亲的睡房，将钱卷成一团，快速地丢到五斗柜跟墙壁的夹缝里去，才逃回床上，长长地松了口气。""那个晚上，想到许多的梦想因为自己的胆小而付诸东流，心里酸酸的。"你看，这你我亦曾历经过的小事，一如这小小女童内心的挣扎，被三毛写来竟是如此充满童趣。

亦是在那个年纪，三毛真正开始读书。

讲到读书，不得不提它——建国书店。一个人，一家书店，一本书，一杯咖啡，一段温柔下午时光。真真是好喜静的生活。

彼时。邻近合江街的建国北路，在通了公车之后日渐热闹起来。而当中，建国书店的开业之于三毛小姐而言，大约才是那热闹当中唯一值得心悦的欢喜。建国书店是一家以租书业务为主的书店，也因此，她方才有机会来回进出书店读遍她目光所及的书。

建国书店之好，不只是租金便宜，最重要的是有一个好店主。每每见三毛租书，他总会殷切指导，告诉三毛哪些书好，哪些有趣，哪些深奥。令三毛印象最深刻的一套书是当时由著名翻译家赵唐理先生翻译的劳拉·英格尔所写的全套美国移民西部生活的故事书——《森林中的小屋》《梅河岸上》《草原上的屋》《农夫的孩子》《银湖之滨》《黄金时代》等。

读完建国书店所有的儿童书之后，她开始读《红花侠》《三剑客》《基督山伯爵》《堂吉诃德》《飘》《简·爱》《琥珀》《傲慢与偏见》《呼啸山庄》等经典作品。

后来，又读《西游记》《红楼梦》等中国古典文学著作。起先，是从姐姐陈田心那里接触到它们。三毛回忆年少生活时曾写过这样的一段话：

姐姐照例捧一本《西游记》在看，我们想听故事，姐姐就念一小段。总是说，多念要收钱，一小段不要钱。她收一毛钱讲一回。我们没有钱，她当真不多讲，自己低头看得起劲……哪天姐姐说《西游记》已经没意思了，她还会讲言情的，我们问她什么是言情，她说是《红楼梦》——里面有恋爱。

在三毛心中，对她的文学启蒙最重要的作品大概就是《红楼梦》了。五六岁开始接触，到十一二岁便是大部头地啃读，真正地读，读至痴迷。甚至在课堂上，她也忍不住要把书藏在裙子下面偷读。

当我念到宝玉失踪，贾政泊舟在客地，当时，天下着茫茫的大雪，贾政写家书，正想到宝玉，突然见到岸边雪地上一个披猩猩大红氅、光着头、赤着脚的人向他倒身大拜下去，贾政连忙站起身来要回礼，再一看，那人双手合十，面上似悲似喜，不正是宝玉吗，这时候突然上来了一僧一道，挟着宝玉高歌而去——

我所居兮，青埂之峰；

我所游兮，鸿蒙太空，
谁与我游兮，吾谁与从？
渺渺茫茫兮，归彼大荒！

当我看完这一段时，我抬起头来，愣愣望着前方同学的背，我呆在那儿，忘了身在何处，心里的滋味，已不是流泪和感动所能形容，我痴痴地坐着、痴痴地听着，好似老师在很远的地方叫着我的名字，可是我竟没有回答她。

三毛说："《红楼梦》，我一生一世都在看下去。"她方才又说："文学的美，终其一生，将是我追求的目标了。"是如此，她方才有了开始。眷恋文字，眷恋尘世，眷恋浮生沧浪万丈红软。只是那时，你年幼如新生绿草，只知蓬勃，未尝险坠。

抵达台湾时，三毛尚很年幼。但母亲缪进兰到底说动了校方，将比入学年龄小许多的三毛送进了国民学校念书。三毛说："我没有不识字的记忆，在小学里，拼拼注音、念念国语日报，就一下开始看故事书了。"

人生事事，充满机缘。人生百相，亦皆是因缘和合的结果。虽彼时的三毛小姐，也并不知道，将来有一日，她会以写作为生，为生死而写。青葱时年，云卷云舒，而你读了那么多的书。

《射雕英雄传》《大戏考》《水浒传》《儒林外史》《今古奇观》《孽海花》《六祖坛经》《阅微草堂笔记》《人间词话》《复活》《罪与罚》《死魂灵》《战争与和平》《卡拉马佐夫兄弟》《猎人日记》《安娜·卡列尼娜》……

小学毕业的升学联考之后，三毛全然无心关注升学发榜的事。只是一心钻入"闲书"当中，无心他顾。后来，三毛回忆自己童年少年时光时，这样写道：

回想起来，当时的我，凡事不关心，除了这些被人称为"闲书"的东西之外，我是一个跟生活脱了节的十一岁的小孩，我甚而没有什么童年的朋友，也实在忙得没有时间出去玩。

对她来说，"最愉快的时光，就是搬个小椅子，远远地离开家人，在院中墙角的大树下，让书带我去另一个世界"。

她跋涉千里，穿越迢迢旅途，来到此处。琴心鹤意，与世两忘。而读书这件事，本身亦似身居孤岛。在这个孤单岛屿之上，她没有旁人，只有书，只有文字，只有渺渺不可亵玩的红花绿树。而那时，她尚只是瘦骨嶙峋脖颈垂垂的小女子。清清瘦瘦。

她说：

望着架上又在逐渐加多的书籍，一丝甜蜜和些微的怅然交错地流过我的全身，而今我仍是爱书，可是也懂得爱我平凡的生活。是多少年的书本，才化为今日这份领悟和宁静。我的心里，悄悄地有声音在对我说："这就是了！这就是一切了！"

读万卷书，行万里路。

也只有你做到了。

亲爱的三毛小姐。

她是个特立独行的女子。

始终都是。

三毛爱书,但不爱课堂。从小就渗现出一种与庸常的生活节奏格格不入的气场。是为女子,她原本可以依照世间寻常足迹,长成一个亭亭淑女,但这非是她心中所念顾的事。她只想用尽心思过完这辈子。活一辈子,要抵过别人的几生几世。

在书海当中泛游的那几年在她心中埋下火种,给她以指引。小学将要毕业的时候,三毛初次生发了那念头。与文字相依,以之为氧,以之为水,以之为食,以之为生生不息的信力。但她又实在年轻,年轻到"要怎么过自己的一生,大人自然得问都不问你一声"。

小学毕业之后,三毛考上了台北省立女子中学(今北一女中)。

至于考上重点中学这件事，三毛说时风趣。她说："怎么会进去的，只有天晓得。小学六年级那年，生活那么紧张，还偷看完了整整一大部《射雕英雄传》。"好乖张的小女子。

那时候，台湾尚未实行九年义务教育，小学毕业之后，学生需通过联考才能升学。也因此，在那个年代，十二三岁的少男少女也就失了童真的照拂。日日夜夜都在念书，赶读。补习的事情也成为顺理成章的事。

年少补习的日子，之于三毛而言，"有如进入了一层一层安静的重雾，浓密的闷雾里，甚而没有港口传来的船笛声。那是几束灯光偶尔挣破大气而带来的一种朦胧。照着鬼影般一团团重叠的小孩，孩子们留着后颈被剃青的西瓜皮发型，一群几近半盲的瞎子，伸着手在幽暗中摸索，摸一些并不致命的东西"。

小学的最后几年之于三毛而言，是暗黑的，阴霾的，湿气重重又阴森可怖的。无以言表的学业压力覆盖在她单薄又无力的瘦小肉体上，好沉重。

于是，成长之于三毛的只是，离开，再离开。

她甚至在那么小那么小的年纪就想到了死亡。她说："想到二十岁时那么的遥远，我猜我是活不到穿丝袜的年纪就要死了，那么漫长的等待，是一个没有尽头的隧道，四周没有东西可以触摸而只是灰色雾气形成的隧道，而我一直踩空，没有地方可以着力，我走不到那个二十岁……”

但日子总是要过去的。

考上最好的省女中。仿佛是新生。身旁是新的面孔，心底是新的期许。而唯一不变的是，你依然誓以文字为食。纵身一跃，沉入书海。世间声色尘埃皆是与你无关的。彼时，是那样一个洁净的好年岁。你又真真幸运，拥得如此一个温柔世界。

功课学习自然要退步的。名次中等，可以不留级。不尽如人意的学业倒也未能令你有丝毫忧虑。你只是觉得这些都不是重要的，重要的是有“闲书”可读，有文章做伴。

暑假一到，你便钻入租书店，用尽零花钱，将一本一本旧俄作家的小说搬回家中，一行一行啃读。所有的热爱，你都倾付与文字，毫不吝啬，只觉依然不够。不够。后来又在家中翻出古典旧书，是线装的那一种。

你说：“泛黄的、优美细腻的薄竹纸，用白棉线装订着，每本书前几页有毛笔画出的书中人物，封面正左方窄窄长长的一条白纸红框，写着这样端正秀美的毛笔字——‘水浒传’‘儒林外史’‘今古奇观'……"你第一次领悟到一本书的外在美亦是那样重要。重要到，它们一本本，分明就是一件件不可思议的艺术品。

有一种情有独钟，比虚妄的男欢女爱要真切得多。

上初二的时候，三毛依然嗜书成瘾。即便上学放学挤在公交车上也是依然不肯弃书不读。顾自抱着司机座位身后的杠，读得极是投入。从外国文学到中国古典文学，她如获至宝一般沉溺其中不愿自拔。初二学年的第一次月考下来，三毛有四门功课没有及格。

直至这个时候，经父母的警告劝导，三毛方才勉强收了心思，当起了勤奋苦读的好学生。但好景不长，她遭遇了幼嫩人生的第一次创伤。是始料未及也实在是无法料及的事情。

三毛擅长文擅长画画，却不擅长数学。三毛不擅数学，只能用最难以见效的方法——将平时所练习的数学题死记硬背在脑中。但平时小考题目简单，竟都是平时练习过的题目。于是，三毛便出乎意料却又是在情理之中地得了三次满分。

但三毛平常在数学方面表现平庸，忽然连得三次满分，致使幼不经事的自己在那样小的年纪就陷入了信任危机。任课老师怀疑三毛作弊。这样的怀疑对三毛来讲，用她自己的话便是："作弊，在我的品格上来说，是不可能，就算你是老师，也不能这样侮辱我"。

而后发生的事，令三毛终生难忘，并带给了年幼的三毛巨大的心理阴影。是一种无以言表的落寞，落魄。孤身在荒原，阴寒，无助，绝望。如陷囹圄。

任课老师故意刁难，命全班学生自习，单独拿给三毛一张试卷，都是当时尚未学到的方程式。三毛自然是无法下笔作答。这也正是任课老师想要的结果。零分考卷是任课老师羞辱三毛的最有效手段。

惩罚三毛的方式是用毛笔蘸墨在三毛的脸上图画眼圈示众。三毛对这桩事情的记忆非常深刻，她回忆说当时的墨水未干，顺着脸颊往下流，渗进嘴里。全班同学见状更是一阵哄堂大笑。即便如此，任课老师仍旧觉得不够，命三毛沿着教学大楼的走廊来回走。廊上同学见到，一阵一阵尖叫和大笑。

如针如刀，射向三毛。

三毛甚至在文章里愤怒道："有好一阵，我一直想杀这个老师。"三毛后来回忆说："这件事发生后，我没有掉过一滴眼泪，也没有告诉我的父母——我在学校受了这样大的精神刺激和侮辱。我情愿这个老师打我一顿，但是她给我的却是我这一生从没有受过的屈辱，晚上，我躺在床上拼命地流泪。这件事的后遗症直到第三天才显现出来。那天早晨我去上学，走到走廊看到自己的教室时，立刻就昏倒了。接着，我的心理出现了严重的障碍，而且一天比一天严重。到后来，早上一想到自己是要去上学，便立刻昏倒失去知觉。那是一种心理疾病，患者器官全部封闭起来，不再希望接触外面的世界，因为只有在自己的世界里最安全。"

所有的悲伤、愤怒和绝望，驱使她做出一个决定。

逃学。

有一些地方，不属于你。
正如有一些人，也不属于你。

如是。
你只能走。

只能，离开。
只能，去往更远处。

　　零分事件之后的那些时日，三毛起初依然是强忍惶恐惊惧按部就班
上下学。但每每抵达学校之后，她便会转身坐公共汽车去往别处。譬
如，那一日，她又一次来到学校，凝望着目下的米黄色建筑，一慌神便
不知今夕何夕。那一种感触叫孤独，仿佛深陷黑暗深渊，凉到心底。

于是，她说："这个地方，不是我的，走吧！"

那一次，她去了六张犁公墓。那是绝望的、阴森的、寒凉入骨的地方。但她不以为然。世间仿佛竟只剩得这一处寂静之地是属于她的，她甚至这样悲伤地想。也是第一次，她距离死亡如此之近。却只有死去的人是之于她而言，才是，没有伤害，没有怀疑，没有遗憾的。时间久了，也便就不存在绝望。

三毛说："世上再没有比跟死人做伴更安全的事了，他们都是很温柔的人。"彼时，三毛认识的墓地有陈济棠先生的墓园，有阳明山墓地，有六张犁墓地，以及市立殡仪馆附近的一带无名坟场。

也是在这里，她埋葬了所有阴霾的校园时光。

当时三毛的母亲缪进兰并不知情，依然一如常往地每日清晨给三毛当日的伙食费，但三毛却总将它们存下，去牯岭街的旧书店买一些书看。三毛记得自己攒钱买下的第一套书，叫作《人间的条件》，共上下两册。

三毛旷课，倒也旷得周全。每旷课两三天，她便会去学校坐一天，给老师留下一个在校的印象，继而再失踪几天去坟场看书。如是再三，竟也果真瞒了很长一段时间。又因为当时通信不便，三毛家中还未装电话，校方与家长联络也并不方便，陈家父母也因此得以被三毛瞒住好一段时间。

但最终，是要被发现的。

那一日，校方给陈家寄了一封信。陈家父母得知了此事，但深入了解事情原委之后，父母没有说过一句责备三毛的话。这令三毛备受感动。三毛总想，虽然逃学是自己的错，但事有前因，亦有后果，若是连父母都不能理解自己，都要责备甚至体罚自己，那么，这才是真叫她绝望的。

事后三毛父母鼓励三毛面对现实重新入校，但三毛以为："面对自己内心不喜欢的事，应该叫不现实才对。"直到三毛再次陷入困顿，重新开始日日逃课跑去省立图书馆看书的生活之后，三毛的母亲缪进兰方才放弃让三毛再次复学的念头。

缪进兰后来回忆说："在我这个做母亲的眼中，她非常平凡，不过是我的孩子而已。三毛是个纯真的人，在她的世界里，不能忍受虚假，或许就是这点求真的个性，使她踏踏实实地活着。也许她的生活、她的遭遇不够完美，但是我们确知：她没有逃避她的命运，她勇敢地面对人生，三毛小时候极端敏感和神经质，学校的课业念到初二就不肯再去，我和她的父亲只好让她休学，负起教育她的责任。"

三毛在家休学长达三年。

那三年之于三毛而言，仿佛长过一生，是用尽心力在活的三年。时光是一艘老船，摇摇晃晃载她驶入人间，又摇摇晃晃载她历经磨难。并摇摇晃晃地载她寂静离开，驶向不可知的远方。

刚刚休学的那段时间，三毛被母亲转送进一家美国学校，学插花，学钢琴，学国画。跟随名家黄君璧习山水，跟随名家邵幼轩习花鸟。那段时间，三毛的姐姐开始寄宿学校，三毛便有了单独的卧室，平日里所学的也皆是三毛喜爱的。因此，对三毛来讲，那实在是很明媚的一段时光。

在家的时候，陈嗣庆会亲自指导三毛读英文小说。三毛记得父亲念给自己的第一本短篇小说集是欧·亨利的《浮华世界》。母亲缪进兰也会买给三毛一些英文漫画故事。每日黄昏，父亲与她并肩坐在老藤椅上，面前摊开一本《古文观止》，一页一页赏读。亦有唐诗宋词在侧。

是那样温柔旖旎的一段好时光。

就连父亲私下为三毛定做的那个美丽书橱，也成为三毛记忆当中不可或缺的纪念物。直到很久很久以后，它依然安静地放在那里，不弃不离，温静妙丽。一个眼神落在上面，便似有清朗日光无限。目下一切都暖暖生姿起来。

彼时，屋里窗外仿佛是只属于她一个人的人间。孤独是她的一座秘密花园。花园里，除了她，还有草，还有鸟，还有树，还有花。直到后来，遇见了那些他和她。他们是之于少年三毛青年三毛极为重要的五个人。在三毛休学的那段时间，他们陆续出现在她的生命里。

　　最先遇见的，便是你，顾福生。

倾谈二 | 爱到花开倾城时

遇到顾福生时，三毛小姐十六岁。

说到你。

三毛讲："受教于顾福生老师之前，已在家中关了三年多，外界如何的春去秋来，在我，已是全然不想知觉了……小小的我，唯一的活动，便是在无人的午后绕着小院的水泥地一圈又一圈地溜冰。除了轮式冰鞋刺耳的声音之外，那个转不出圈子的少年将什么都锁进了心里，她不讲话。"

与顾福生相识倒不是父母对三毛自闭时期的一次鼓励和尝试，全然归于一场机缘。世间人与人的相遇相识相知，甚至散离，总是人力不及命力，总是注定的。一如那日发生的事。

当天，三毛的姐姐陈田心的朋友们到家里玩。三毛孤自躲在角落，远远看着一群年长自己的兄姐聚乐。其中有一对姐弟，分别叫陈缤与陈骕。那日大约是陈田心的生日，玩到后来，一群人兴致高涨，陈骕是学画的，所以便说临时画场战争给大家一睹画工。日后三毛好奇，陈骕告之，自己曾学油画，老师是顾福生。

　　"一场骑兵队与印第安人的惨烈战役。于是他趴在地上开战了，活泼的笔下，战马倒地，白人中箭，红人号叫，篷车在大火里焚烧……"谁人知道。一场纸上的印第安战役，日后竟把一个孤独倔强的失学少女，推至台北最具有现代艺术概念的艺术家面前，扭转了自己一生的命运。

　　顾福生是"五月画会"的画家。20世纪50年代，虽然台湾经济和信息发展皆缓慢，但艺术领域却出现了两个十分重要的画会："东方"和"五月"。1957年，年轻艺术家集结成立画会，以温和的文艺运动，将现代艺术的观念推展开。当中"五月"画会的画家多是来自当时最好的艺术养成学校，师范大学。

　　从陈骕的那一幅画开始，她便总想着教会陈骕画得这样好的男子是如何模样，是如何性情。三毛央求陈骕介绍，想当顾福生的门生。是这样的罕见，她竟在自闭这样长久的时间之后能愿意主动与谁靠近，要与谁相识，甚至相知。

但即便有际遇，真要三毛下定决心走出去，依然不是容易的事情。外面的世界是另一个人间，充满自尊被践踏凌辱的危险和恐惧。与顾福生约定见面的日子尚早，但三毛小姐已是寝食难安。连她自己也是惊讶，她怎么就莫名有了执着和勇气。即便那是微火，却实在是在心中蠢蠢有异动的。

休学的这几年，陈家父母为三毛单独请来的老师已是轮换了许多。但这一次，竟是三毛主动寻得的。而彼时，她已是进退维谷、骑虎难下。是要积蓄怎样丰盛的气力，她方能够践行自己内心深处之所愿。她也实在是不知道的。

泰安街，二巷二号。他在那里。

那一日，她惴惴不安抵达他处。似内心空静，又似针毡在下。是一种莫可名状之情愫盈满身体。是一种踏入新天新地推门迈入之前的胆战惊动甚或羞涩心怵以至于仿若纵身赴死的决心。

她说："有人带我穿过杜鹃花丛的小径，到了那幢大房子外另筑出来的画室里去。我被有礼地请进了，并没有人，只有满墙满地的油画的房间。那一段静静的等待，我亦是背着门的，背后纱门一响，不得不回首，看见后来改变了我一生的人。"

提及顾福生，三毛甚而这样写：

那时的顾福生——唉——不要写他吧！有些人，对我，世上少数的几个人，是没有语言也没有文字的。

是，他在三毛心中，太重了。

顾福生身材并不高大，却生得一张极是清秀俊美的面孔。素日便是个安静的人，品格亦好，为人亲切善良，待人诚恳热情。在台北文艺圈里，是出名的美男子。但看过去，许是因了从事艺术的缘故，总有几分孤独的气息在。三毛一眼就将他看进了心里。是这样一个家世华丽却心如莲花淡静如水的男子。

唤了一声"老师"，便跟随在侧，久之又久。

三毛曾在《我的三位老师》一文当中这样写到顾福生——"许多年过去了，半生流逝之后，才敢讲出：初见恩师的第一次，那份'惊心'，是手里一大堆东西都会哗啦啦掉下地的'动魄'。如果，如果人生有什么叫作一见钟情，那一霎间，的确经历过。"

顾福生教导三毛学画，从不强求，亦不严苛。字字句句皆如兄长，说话亦都是商量语气的。也不将三毛看作孩童，对三毛的感受照顾得周全，极为尊重。一如三毛所说，他是"一种温柔而可能了解你的人"。

那时候，跟随顾福生上课的学生并不多，一周两次课。只有三毛从不落课。因此，有时候，便只有她跟顾福生独处。独处的好处便在于，那人的一言一行都被无限放大在眼中心底。她甚至觉得，他温柔可亲得，仿佛，仿佛是一个——爱人。

三毛总觉天赋不足，时常遭遇瓶颈，落笔维艰。但"顾福生付出了无限的忍耐和关心，他从来没有流露过一丝一毫的不耐烦，甚至在语气上，都是极温和的"。在孤独至死的漫长岁月里，顾福生的家，是三毛唯一肯去的地方。

那一年，三毛记得自己主要的成绩是模仿老师的画。她尚记得那一幅画——消瘦至难辨性别的白色人体背影，赤裸着，一块贴上身的绷带散落在脚下，暗蓝的背景，如水在淌。

彼时，顾福生去看，一眼便知是三毛照抄自己的作品。但他也不责备，只说可以再画，便悄声走开。而她，又实在喜欢这画，便情不自禁在画的右下角签上了一个自取的英文名字——Echo。

Echo，回声。在希腊神话当中，它是恋着水仙又不能告知他的那个山泽女神的名字。回声，跌宕在时光隧道里，穿越黑暗和枯寂，抵达你时，你已长成另样的女子。

当三毛想要放弃学画的时候，顾福生但笑不语。只是将她领走，带她去看自己的油画。顾福生的油画是一绝。彼时，顾福生不过二十五六岁，尚年轻。那个时期，顾福生的作品略有Amedeo Modigliani（阿米迪奥·莫迪里阿尼）和Bernard Buffet（伯纳德·比费）的风格在。

白先勇评价顾福生的那个时期的作品时说："他创造了一系列半抽象人体画。在那作画的小天地中，陈列满了一幅幅青苍色调、各种变形的人体，那么多人，总和起来，却是一个孤独，那是顾福生的'青涩时期'。"白先勇的几部重要小说作品包括台湾允晨文化出版公司出版的《孽子》、台湾尔雅出版社出版的《台北人》二十周年典藏版的封面绘画使用的都是顾福生的作品。

看到顾福生的油画，三毛心惊。那是一种赤裸裸的艺术体验。强烈，刺激，无可回避。是日月并照的一种震撼。三毛在《蓦然回首》当中这样写当时的体悟：

那些苍白纤细的人体，半抽象半写真的油画，自有它的语言在呼应着我的心，只是当时不能诉说内心的感觉。以后的我，对于艺术结下了那么深刻的挚爱，不能不归于顾福生当年那种形式的画所给予我的启发和感动。

三毛对于绘画艺术的热爱本便不少于对文学的热爱。甚至在更年幼的时候，她痴迷毕加索至不能自拔的地步。总想着，要更快地长大，长大之后嫁给毕加索。她说："将来长大了，去做毕加索的另一个女人。"

只是想要陪伴他，和他一起老去。

那日在顾福生的油画室，三毛倒未听得老师绘画上的心得，竟是得到几册赠书。一本《笔汇》之合订本与几本《现代文学》杂志。临走前，顾福生方才提了一句——"下次来，我们改画水彩，素描先放下了，这样好吗？"

也是个机缘。

三毛又一次与文学亲近。

波德莱尔。卡缪。里尔克。横光利一。D.H.劳伦斯。爱伦·坡。芥川龙之介。富田藏雄。康明斯。惠特曼。自然主义和意识流。奥德赛与卡夫卡。三毛被一袭文学巨浪扑倒。却是视死如归甘之如饴好不快活。那几日，三毛如获至宝一般，将几册书读至烂熟。

你说："在那几天生吞活剥的急切求知里，我将自己累得虚脱，而我的心，我的欢喜，我的兴奋，是胀饱了风的帆船——原来我不寂寞，世上有那么多似曾相识的灵魂。"

到底，还是文字将你俘虏。

也不知后来，三毛是因何缘故竟突生勇气想要将自己的文章拿与顾福生请求评阅。老师倒也应得极爽快。一来二去，三毛得有机缘与白先勇发生关联。顾福生将三毛的文章私下转交好友白先勇过目，并成功刊于白先勇主持的杂志《现代文学》月刊上。后来，三毛又给《中央日报》投稿，作品仍然成功被刊出。

如此，顾福生可谓是三毛写作旅程上的第一位伯乐。而后，方才是白先勇。那篇文章标题叫《惑》。是一篇带有意识流特色的短篇小说。书名是三毛本名——陈平。内容关于"她"在病中迷失在"珍妮的画像"中的幻觉，以及内心的封闭和仿若会永无止境的孤独。

事后多年，白先勇对自己当年大胆刊用一个不知名少女作者的小说处女作而因此为华语文学发掘了一位才华横溢的女作家，颇感欣慰。白先勇后来回忆说："《惑》是一则人鬼恋的故事，的确很奇特，处处透着不平常的感性，小说里提到《珍妮的画像》，那时台北正映了这部电影不久，是一部好莱坞式十分浪漫离奇人鬼恋的片子，这大概给了三毛灵感。"

是如此，白先勇之于三毛而言，亦是她文学路上的奠基人物。事事成败皆在细节。瞬间即可更改运命。若是没有白先勇，大约三毛也便不是而今你我可阅见的三毛了。

三毛知恩，曾专门为白先勇撰文《惊梦三十年》。三毛说："这半生，承恩的人很多，顾福生是一个转折点，改变了我的少年时代。

白先勇，又无意间拉了我很重要的一把。直到现在，对每一位受恩的人，都记在心中，默默祝福。"

是从这里，三毛正式踏入漫长又寂寞的文学旅途。

真真是好。

后来，顾福生办了一次画展，恢复上课不久，三毛便得到消息，老师决定，将要离开台北，去往巴黎。之于三毛，这真是好沉重好沉重的一件事。仿佛都是会心碎的。顾福生临行之前，也未曾与三毛告别，只是道了淡淡一句："再过十天我有远行，以后不能教你了。"终究还是要分别。谁也抵挡不过运命迁变。至这一日，三毛已追随顾福生习画整整十个月，整整三百日。

可是，这一别，便是十年。

十年之后，在芝加哥，在密歇根湖畔凛冽如刀的冬风里，三毛从两百里外赶去顾福生的住处。再相见。一如那一年黄昏老师破例送她至巷口。而今，也是黄昏。却是她孤自走在芝加哥的热闹大街上，凉风浮动，人比黄花瘦。唯有那一身旧布长裙，袅袅婷婷。

既热闹，又寂寥。

那是1981年9月3日。

韩湘宁。

三毛的第二任绘画老师。

顾福生在离开台北远赴巴黎之前，将三毛托付给好友韩湘宁。在三毛的心中，"韩湘宁老师——一个不用长围巾的小王子。夏日炎热的烈阳下，雪白的一身打扮，怎么也不能再将他泼上任何颜色"。是这样的白素净洁的男子。

而韩湘宁本身却又是一个极活泼明朗的人。个性纯真，仿似孩童。言行举止皆有一种自在。素日里也总是身着洁净的白衬衫，面相又俊美，待人一如顾福生，和善亲切，但多出一份少年似的好量力。三毛对韩湘宁也是百般敬重。

　　跟随韩湘宁学画的时日里，画的时间倒不如游乐的时间多。韩湘宁教育学生的方法实在活泼。常常做的事便是领着一干学生去看画展，去户外写生，去看舞台剧，去看电影。跟学生可谓是打成一片。虽然三毛坚持认为自己的绘画天分十分有限，但追随韩湘宁的那段时日，她的艺术事业也果真得到了深刻的开阔。

　　三毛也确曾因为画石膏像令韩湘宁动怒，但三毛深知老师外露的"怒"，是"假怒"。在三毛眼中，韩湘宁仿佛天然是与悲伤愤怒等负能量绝缘的。看过去总是充满光明的正能量。也因此，三毛说他是台北文艺圈里的"小王子"。

　　三毛说："韩湘宁老师把人向外引，推动着我去接触一个广泛的艺术层面，也带给了人活泼又生动的日子。他明朗又偶尔情绪化的反应，使人直觉得活着是那么快乐又单纯。拿天气来说，是一种微风五月的早晨，透着明快的凉意。韩湘宁老师对我的影响很深。他使我看见快乐，使我将心中的欢乐能够因此传染给其他的人。"

　　而后，韩湘宁去了纽约。

　　在纽约，韩湘宁沿袭了印象派画家修拉点画的技巧，运用在照相写实的画作上，成为纽约最好的照相写实画派画廊O.K.Harris（哈里斯美术藏馆）画廊的画家。是在三毛十九岁的这一年。是年，韩湘宁将三毛介绍给画家彭万墀。

彭万墀不同于顾福生与韩湘宁。他敦厚、勤奋、简朴、刻苦。彭万墀教导学生，是循序渐进的，也是稳扎稳打的。彼时，跟随彭万墀的学生有三个，三毛是其中之一。彭万墀有好口才，上课时会发表讲说。而讲的内容，三毛这样形容——"旧俄文学的光辉和华格纳的音乐都形容不出于万一。因为他是他。"

跟随彭万墀的时日，三毛学会严谨，学会就事论事，学会认真。在彭万墀的画室，三毛不敢发呆做梦、不敢嬉笑、不吃东西、不讲闲话。是在这里，她方才领悟到——其实，艺术，原本亦是很严肃的事情。它是那样难以驾驭，甚至不可驾驭。

许是因为彭万墀较之顾福生和韩湘宁年长的缘故，与彭万墀相处，三毛自觉老师对学生有一股仍旧不属于他年岁范畴的父爱。他对学生的尽心尽意，用三毛的话讲，便是——"一种辐射性的能量，厚厚的慈光，宗教般地照射着我们。"

彼时，彭万墀痴恋自己的同学，一个名叫"小段"的辫子姑娘。当时三毛便听说彭万墀立誓要此生非"小段"不娶的事情。竟不想，君子一言驷马难追，彭万墀日后果真与"小段"结成连理。彭万墀是个踏实并且自信的人，他的人生理想，无论是艺术上还是在情感上，均在日后的漫长岁月里一一实现。

是那样，那样的难得。

再以后，彭万墀也出了国。三毛与他，一别更是长达二十二年。那一次重逢，是因彭万墀回台出差。虽匆忙却仍是挤出时间与三毛见面。老师口才一如既往，字字珠玑，三毛甚至奔去书房拿出纸笔试图记下老师的一字一句。从日照盛烈时聊至夜深人静时。

他若离去，后会大约是无期了。

三毛在与彭万墀再次分别之后，不禁在文章里慨叹："我猜，今生也是见不着他了。人生又有几个二十二年呢？"是实在短暂的一世，又是实在无定的今生。这一生一世，总有一些人，匆匆来过，又匆匆离开。消失，再不见。

从顾福生，到韩湘宁，再到彭万墀。三位恩师在三毛心中的分量重如山，深如海，高远如天。三毛讲："虽然个人始终没有画出什么好作品来。我只有将自己去当成一幅活动的画，在自我的生命里一次又一次彰显出不同的颜色和精神。这一幅，我要尽可能去画好，作为对三位老师交出的成绩。"

而最终鼓励并引导三毛走出自闭的人，是陈若曦。

与陈若曦的缘要追溯到三毛跟随顾福生习画的时期。当时，白先勇家与三毛家离得近，但三毛数遇白先勇而退避，顾福生得知之后便鼓励三毛交友。陈若曦便是顾福生介绍与之相识的第一个人。陈若曦是她的笔名，她本名叫陈秀美。家住永康街54号。

陈若曦热烈果敢，在那个年代已是一头短发，飒爽迷人。初见三毛，便觉此女孩白净可人，又有一种硬朗的风采在，很是欢喜。两人交往时间甚久，陈若曦甚至以三毛为原型写了一篇名为《乔琪》的文章。在彭万墀也出国远赴巴黎之后，陈若曦便一直鼓励三毛走出旧日阴影，摆脱自闭困扰。

她听说台北的中国文化大学不错，便介绍三毛去找创办人张其昀先生争取一个选读生的名额。虽然没有教育部的正式学籍，但一样的注册、缴费、上课、考试。不久，三毛便致信张其昀，将自己的失学经历与求学意愿一一陈述，末了诚恳附上一句"区区向学之志，请求成全"。上午，三毛将信寄出。傍晚便受到张其昀同意报到注册的亲笔回复。

报到那一日，三毛将自己的绘画作品以及发表的文学作品都一并带上。她是想要校方认为，至少，她不是一无是处的懵懂小女子。张其昀接过三毛的作品看后对三毛说，他以为三毛有两个方向可以发展，一是文学方面，二是美术方面。好在三毛没有学籍，志愿可以自由选择。

说完，张其昀便递给三毛一份申请单。出乎他意料的是，三毛填上的专业既不是文学亦不是美术，而是：哲学。张其昀看后惊诧，问三毛日后是否可能会要后悔。但听三毛铿锵一句："绝对不会。"

如是，你便知。

她日渐长成一个心有担当的女子。
并且终于，走出暗影，面朝日月。

爱是什么。

Duras（杜拉斯）讲——"爱之于我，不是肌肤之亲，不是一蔬一饭，它是一种不死的欲望，是疲惫生活中的英雄梦想。"听上去好是繁盛，却又实在荒凉。爱是天真，爱是无望，爱是歌岛，爱是梦土，爱是无尽的消失和缅怀。爱是裸足。爱是命。

是在十一二岁的年纪，你就说了这样的话，亲爱的三毛小姐——"恋爱是什么我大概明白了，它是一种又叫对方魔鬼又跟魔鬼坐在一起谈'堤柳边／到秋天／叶飘零……'的那种黄昏歌调。"

而初遇到那人时，你已长成如风女子。

是在你最好的时光遇见了他。

三毛也不承想，大学生活竟看过去来得这样迅疾，甚至仓促。而事实上，一切都只是不缓不急地靠过来。连同那些情，连同那些爱，连同那一段声嘶力竭又实在美妙的初恋。

三毛回忆少年生活的文章不多，但也足够我读完一整个风清日朗的下午。她写过一篇文章，叫作《吹兵》。初读也是在我年少的时候。实在也是好平常的一个故事，她却有这样的本事，能将一桩平凡小事写得侠骨柔肠，动人心腹。且又丝毫不骄矜做作。

读完那篇《吹兵》，曾有落泪。

不是为哑兵而落，也不是为三毛小姐而落。是为了一句，"那是今生第一次负人的开始……"第一次负人的开始。这语气当中分明是一种憾恨交织却又力不从心的伤感。是人力不敌天命的惘然。因了这缘，多年之后，终于，也有人从人海当中认出你，找到你。并负了你。

是看上去有些漫长的一段故事了。

他叫梁光明。

所谓"初恋"，应当是懵懂无知，应当是相爱无邪，应当是某个牵手路过街角时共饮一杯咖啡的平常下午。但你与他没有，亲爱的三毛小姐。彼时，初入大学，作为文化学院第二届的学生，三毛行事低调。倒也不显得出众了，与旁的女生看过去并无二致。但也安稳。

倒是他出名得很。

当时的梁光明是学校极有名的才子。戏剧系二年级的学生。曾当过兵，也当过小学教师。是有阅历的人。出版过两部作品，不时有文章发表，见诸各大小刊物。笔名叫舒凡。好诗意的一个名字。

三毛原本亦只是舒凡的一个寻常读者。只是她内心那方寸之地含蕴颇深。总是可见深意于微物。也因此，阅读的时候，也总自然较之旁人要多出几分见地和知悟。读舒凡的文章亦是如此。

读得多了，便也就越发想得多。舒凡的文章不差，三毛亦喜欢。读久了，难免忍不住对那执笔之人有些遐想。是一种不可回避的联想。是怎样的一个男子写就的这些情深文字，他是有过怎样的过去，亦在期许着哪般的未来。是不自禁地就陷入了。

而她醒悟时，却为时已晚，中毒已深。

情毒之蚀。世药不可医。

她恋慕他，不过只因几行文字几篇文章。如是。从初一开始，她便落了下风。爱，到现实里，纵不是竞技，也至少是博弈。有一些事情，十几岁时做是单纯，二十几岁时做是迟钝，三十几岁时做则是愚蠢。而彼时的三毛小姐实在是好单纯。

大约也是只有在那样沧桑老旧却纯粹的年代方才可以养出这样志向单纯情爱无邪的小女子了。这一回，你深知，在舒凡身上所动的情意与年幼和年少时候内心对异性生发的好感是有本质的区别的。你是真的很喜欢很喜欢这个人的吧。所以，你在《我的初恋》中写：

我深深地爱上了这个男孩子，一种酸涩的初恋幻想笼罩着我。我曾经替自己制造和他同坐一趟交通车的机会，为的是想介绍一下自己。

是这样痴心的小女子。也是只有在那样不够成熟又满是憧憬的年岁方才会做的事情了吧。遇见他，她竟真就让自己低矮了下去，一寸一寸，以仰视他，以恋慕他。如一粒沙。

谁年少的时候不曾热烈地恋慕过一个人？热烈到可以蓄谋好久，只为见到他的那一刻，说一句，你好，我是三毛。热烈到以为是可以为之生为之死的。然而，总会过去的，这一切。

三毛第一次正式与舒凡见面，是在三毛发表文章之后一次宴请朋友的饭局之上。也是朋友相托，舒凡也出现在了饭局之上。但来得迟了些。"当同学们吃合菜、喝米酒的时候，他一个人晃晃荡荡地走了进来，同学们喊住他：'今天陈平拿稿费，她请客，大家一起聚聚。'"

是初次相隔咫尺。
她和他。

那日，三毛为舒凡斟了一杯酒。他亦干脆，一饮而尽。但三毛未来得及与他说更多，他便转身去和别的同学敬酒。是有那么一瞬间，她好失落，好受挫。仿佛她从来不曾入过他的眼。她之于他而言，似再寻常不过的小女子，看上去是那样平常。

但三毛乐观。她转念想，是不是他根本在故意回避呢？而你知道，所有的故意，往往隐藏着羞涩的爱意。彼时，你是好乐观的女子。是原本可以一直明媚生活的。只可惜，你那一颗极度敏感的心，日渐损毁了你的坚硬。

饭局结束之后，三毛一个人走在操场上，内心如煮。关于他的来与去，关于她和他的来与去。一切都是杳渺不可知。她不能不落寞。但运命总是难测。比如，她几乎就要放弃的时候。他竟就立在她的前头，仿佛在等候。

那时候，你在心里说："我的一生不能这样遗憾下去了，他不采取主动，我可要有一个开始。"于是，你终于主动走过去，站在了他的面前凝视他。终于，他无可回避地要看着你。彼时，你们二人皆沉默，是一种无从说起亦无须言说的默契。

他看着你。
你望着他。

而后，你从他的衣袋里拿出一支钢笔，摊开他的掌心，轻轻写下你家的电话号码。又有那么一瞬间，她心似女童，又羞涩又欢乐，雀跃地想要欢笑起来。极勇敢地，你让这件事，有了开始。

09 | 烟霞

初恋。

是烟霞。
美如画。

一剪闲云一溪月，一程山水一年华。
一世浮生一刹那，一树菩提一烟霞。

烟霞纵美，不过刹那。你这样说："初恋，也就从那时开始。非常感谢这位男同学，他不只是我人生不同的经验和气息，也给了我两年的好时光，尤其是在写作上给了我一个很好的教育。可是，我们的初恋结果——分手了。"

是这样的，总要分手的。

那欢天喜地又忧伤无尽的，初恋。

留电话给舒凡的那个下午，三毛逃课了。是隔了多久，她又一次逃课，却不似当年，是只为一个情字，只为一个男子。她回家之后，便固守电话一旁，什么也不做，只是等，等，等了再等。"只要电话铃声一响，就喊叫：'是我的！是我的！'"

直到傍晚，大约五点半，三毛终于等到了舒凡的电话。她说："他真的约了我，约我晚上七点钟在台北车站铁路餐厅门口见。我没有一点少女的羞涩就答应了。这样，我赴了今生第一次的约会。"

初恋，是从那里发生。

多年以后有了那首《七点钟》，诚恳又心痛。

今生就是那么地开始的，
走过操场的青草地，走到你的面前，
不能说一句话，
拿起钢笔，在你的掌心写下七个数字，
点一个头，然后，
狂奔而去。

守住电话就守住度日如年的狂盼，

铃声响的时候，自己的声音那么急迫，

是我，是我，是我——是我，是我，是我。

七点钟，你说七点钟？

好，好，好，我一定早点到。

啊明明站在你的面前还是，

害怕这是一场梦，

是真是幻是梦，是真是幻是梦。

车厢里面对面坐着，

你的眼底，

一个惊惶少女的倒影，

火车一直往前去呀——

我不愿意下车，

不管它要带我到什么地方。

我的车站，

在你身旁，

就在你的身旁，

是我——

在你的身旁。

　　只是，世间情爱，非是一腔热忱即能成其长久的。需要周全的事情实在好多。一件件，一桩桩，都是极艰难的。顺风顺水的爱情故事，叫作小说。并且是很不令人欢喜阅读的。谋爱在人，爱成在天。直至，她以出国相挟。

她只是需要他一个允诺，许她一个未来。

其实，我并不想出国，但为了逼他，我真的一步步在办理出国手续。等到手续一办好，两人都怔住了：到底该怎么办呢？

临走前的晚上，我还是不想放弃最后的机会："机票和护照我都可以放弃，只要你告诉我一个未来。"

他始终不说话。"我明天就要走了哦！你看呀！我明天就要走了，你真的不给我一个答案？！"我再逼他的时候，他的眼泪却不停地滴下来。再也逼不出答案来时，我又对他说："我去一年之后就回来。"两人在深夜里谈未来，忽然听到收音机正播放着一首歌——《情人的眼泪》。他哼唱着"为什么要为你掉眼泪，你难道不明白是为了爱？要不是有情人要跟我分开，我眼泪不会掉下来，掉下来……"

而我听到这里时，眼泪则像瀑布般地流泻下来。我最后一次问他："有没有决心把我留下来？"他头一低，对我说："祝你旅途愉快。"说完起身要走。我顿时尖叫了起来，又哭又叫地扑过去打他。我不是要伤害他，而是那两年来爱、恨的期盼与渴望全部落空了！我整个人几乎要崩溃了。在没有办法的情形下，我被感情逼出国了。

三毛父亲回忆女儿的这段往事时说：

对于我女儿初恋的那位好青年，作为父亲的我，一直感激在心。他激励了我的女儿，在父母不能给予女儿的男女之情里，我的女儿经由这位男友，发挥了爱情的正面意义。当然，那时候的她并不冷静，她哭哭笑笑，神情恍惚，可是对于一个恋爱中的女孩而言，这不是相当正常吗？那时候，她总是讲一句话："我不管这件事有没有结局，过程就是结局，让我尽情地去，一切后果，都是成长的经历，让我去——"她没有一失足成千古恨，这怎么叫失足呢？她有勇气，我放心。

我的二女儿，大学才念到三年级上学期，就要远走他乡。她坚持远走，原因还是那位男朋友。三毛把人家死缠烂打苦爱，双方都很受折磨，她放弃的原因是：不能死缠对方，而如果再住台湾，情难自禁，还是走吧。

三毛离家那一天，口袋里放了五美元现钞，一张七百美元汇票单。就算是多年前，这也实在不多。我做父亲的能力只够如此，她收下，向我和她母亲跪下来，磕了一个头，没有再说什么。上机时，她反而没有眼泪，笑笑的，深深看了全家人一眼，登机时我们挤在瞭望台上看她，她走得很慢很慢，可是她不肯回头。这时我强忍着泪水，心里一片茫然，三毛的母亲哭倒在栏杆上，她的女儿没有转过身来挥一挥手。

你执意要做的事，无人可拦住。

一意孤行，是你。

倔强如石，是你。

情深似痴，也是你。

三毛在父亲的资助下，去了西班牙。

这一年是1967年，你二十四岁。

三毛出国与舒凡分别之后，两人联络极少。直到九年之后的1976
年，三毛出版《雨季不再来》时，舒凡为三毛写下了一篇题为《苍弱
与健康》的序文。只是保有一种谦淡的君子之交在两人之间。要怎
样的掌控力和修养，方才能将这样难解的情感关联处理得如此洁净有
力。实是极难的。

在为三毛所写的序文当中，舒凡中肯地评论了三毛的文字。

他写道：

继《撒哈拉的故事》后，三毛的《雨季不再来》也成集问世了。
讨论这两书的文字，多以"健康的近期"和"苍弱的早期"说法，来
区分两条写作路线的价值判断，这一观点是有待探讨的。

就三毛个人而言，也许西非旷野的沙、石和荆棘正含有一种异样

的启示，使她从感伤的"水仙花"，一变而为快乐的小妇人，这种戏剧性的成长过程是可能的，撇开"为赋新词强说愁"本是少女时期的正常心理现象不说，即或朴素地比之为从苍弱到健康也能算得上是常言了。

但，就写作者而言，心怀"忧惧的概念"（祁克果语），陷入生命的沉思，或因于爱情的自省，则未必即是"贫血"的征候，心态健康与否的检验标准，也非仅靠统计其笑容的多寡便可测定。审写作路线取向问题，以卡缪的《西西弗斯神话》在文学史的贡献，不比纪德的《刚果纪行》逊色，即可知用"象牙塔里""艳阳天下"或"苍弱""健康"之类的喻词，来臧否写作路线是不得要领之举，重要的是该根据作品本身来考察。

《撒哈拉的故事》约可列为表现现实生活经验的写作。阅读文艺作品所以成为人类主要的精神活动之一，较切近的原因是为了从中开拓真实生活经验。三毛以极大的毅力和苦心，背井离乡，远到万里之外的荒漠中居家谋生，以血汗为代价，执着地换取特殊的生活经验，这种经过真实体验的题材之写作，在先决条件上已经成功了，甚至连表现技巧的强弱，都无法增减故乡人们去阅读她作品的高昂兴趣。

《雨季不再来》约可归为表现心灵生活经验的写作。所谓"究天人之际，通古今之变"，人类深思的默省、存在的意义、灵魂的归依、命运的奥秘等形而上问题，早在神话发生时代就开始了，历经无数万年的苦心孤诣，到了近代，新兴的实用功利主义者，竟讥讽此一心灵活动为"象牙塔里的梦魇"，这才真是精神文明噩梦的起点呢！尤其，在大众传播事业力量无比显赫的今天，缺乏实在内容的泛趣味化主义，被推波助澜地视为最高人生价值，沉思和深省活动反被目为苍弱的"青春期痴呆症"的后遗，这种意义的普及，形成了"危机时代"的来临。

尽管做此引论，也不能掩饰《雨季不再来》在内容技巧上的有欠成熟。十多年前，烦恼的少年三毛难免把写作当成一种浪漫的感性游戏，加上人生阅历和观念领域的广度不足、透视和内诉能力尚未长成等原因，使她的作品过于强调个人化的片段遐想和感伤。但是，从中所透露的纯挚情怀和异质美感，也别具一种奇特的亲和力。《雨季不再来》只是三毛写作历程起步的回顾，也是表征60年代初期，所谓"现代文艺少女"心智状态的上乘选样。

舒凡懂三毛。只是这懂，来得晚了许久，又许久。三毛也从来不回避往事，过往经验恰正是三毛创作的主要素材。当中，与舒凡的初恋，也成为三毛日后文学与歌词创作的一个重要灵感来源。

林慧萍唱《说时依旧》，是你为她作的词。
而那歌词里，写得分明就是当年的他和你。

重逢无意中，相对心如麻，

对面问安好，不提回头路，
提起当年事，泪眼笑荒唐。
我是真的真的真的爱过你，
说时依旧泪如倾，
星星白发犹少年。
这句话请你放在心底。
不要告诉任何人，
你往哪里去。
不要不要等我来，
家中孩儿等着你，
等爸爸回家把饭开。

一别二十年，他另娶，你未嫁。
时光如飞梭，你们久别未重逢。

横亘当中的，只是一句——珍重，再珍重。

是要放下怎样深重的爱，
方才能够一离去，
不管花败。

是要抱住怎样孤绝的心，
方才能够一转身，
不念旧情。

你的一生便是一次流浪。
你的一生便是一回放逐。
你的一生便是一场旅行。

三毛的第一站是：
西班牙，马德里。

实在不能不算是一个遥远国度了。隔着那么遥远的距离，你所将要历经的所有都必定只是孤帆远影。语言阻碍，生活磨难，情感困扰，诸多事宜都只能是寂寂无可商量，只能是独自承担。但你不管不顾，一心要远赴，要奔离，要浪迹。

初抵马德里，三毛见到了外面的光。

南方朔曾评说三毛道："20世纪70年代中期的台湾，经济上已进入小康社会，政治气氛也趋于松弛，'自由'的气氛开始弥漫在每个领域，年轻女性尽管由于社会条件的限制，不太能够在公共角色上与男子一争长短，但在生活领域和感情领域，朦胧的自觉却已开始浮现，三毛的角色就是在这片天空里，三毛式的女性个人主义，也是那个时代的代表。"

是，她的出走，她的远行，为世间女子打开了一扇窗。

窗外。

是幽谷，是碧海，是千帆远航，是百鸟朝凤。是哥伦布的新大陆，是拿破仑的佩剑。是莎士比亚的十四行诗，是但丁的《神曲》。是达·芬奇的《蒙娜丽莎》，是米开朗琪罗的教堂壁画。是帕格尼尼的《D大调小提琴协奏曲》，是约翰·丹佛的乡村音乐。

而三毛之所以选择西班牙，竟只是因为读大学时，曾听到一张西班牙古典吉他唱片。音乐的能量是难以想象的。她听着听着就心生无限憧憬，仿佛西班牙白房子、毛驴和大片的葡萄园如在目下。质朴又惊艳。是失乐人的秘密花园。

三毛抵达马德里之后自习西班牙语半年，之后入读马德里大学文哲学院。攻读文学和艺术。起初，在西班牙读大学，三毛难免讲不好西班牙语，语言阻碍致使三毛只能一心读书演习语言。万事开头难，三毛小姐的国外大学生活开始也并不如意。

人生不如意事，十之八九。岁月并不宽宏，唯有持有一颗明净的心，才能安稳度日。世相总是迷离，人与人之间的相识相知更是不易。能够有缘相聚，已是难得。也因此，三毛小姐去到国外之后的日子里与人交际，总是慈悲。

退让，隐忍，以之为美德。

在大学，三毛与三人同住四人宿舍。人心难测，以之为好的总是表象。想要风轻云淡地度过几年并不容易。在世为人，最难得总是人情和世故。而彼时的三毛小姐又是好纯真的女子，行前母亲的几句谦卑忍让吃亏是福的嘱咐终归成为她的负累。

她在文章里这样描述当时的生活：

四个人住的房间，每天清晨起床了就要马上铺好床，打开窗户，扫地，换花瓶里的水，擦桌子，整理乱丢着的衣服。等九点钟院长上楼来看时，这个房间一定得明窗净几才能通过检查，这内务的整理，是四个人一起做的。

　　最初的一个月，我的同房们对我太好，除了铺床之外，什么都不许我做，我们总是抢着做事情。

　　三个月以后，不知什么时候开始的，我开始不定期地铺自己的床，又铺别人的床，起初我默默地铺两个床，以后是三个，接着是四个。

　　最初同住时，大家抢着扫地，不许我动扫把。三个月以后，我静静地擦着桌子，挂着别人丢下来的衣服，洗脏了的地，清理隔日丢在地上的废纸。而我的同房们，跑出跑进，丢给我灿烂的一笑，我在做什么，她们再也看不到，也再也不知道铺她们自己的床了。

　　我有一天在早饭桌上对这几个同房说："你们自己的床我不再铺了，打扫每人轮流一天。"

　　她们笑眯眯地满口答应了。但是第二天，床是铺了，内务仍然不弄。

　　我内心十分气不过，但是看见一个房间那么乱，我有空了总不声不响地收拾了。我总不忘记父母叮嘱的话，凡事要忍让。

三毛骨子里并不是委曲求全的小女子。她虽温静灵动却不失傲烈不失铿锵。三毛素日待人谦静，却不想周遭的人领受到好处却是忘恩负义变本加厉。直到那一晚，宿舍的女孩子偷了望弥撒的甜酒，统统挤到三毛的床上来横七竖八地坐着、躺着、吊着，传着酒喝。这是在学院里严重违规的行为。也因此，她们做起这件事时更觉刺激，也就更是疯癫。

当院长莫名出现在宿舍门口，一群人方才静定下来，却又不知所措。院长也不分是非，但见一群人围坐在三毛的床上，便认定三毛是始作俑者，又同时将是非加诸三毛身上，厉声训斥。这样失了分寸地指责和逼迫，终于让三毛忍无可忍，一怒之下，凶悍地回敬了院长和女生们。

是从来没有过的。平日里温静的三毛竟有如此之强劲的魄力顶撞院长，指责同学。一干人竟仿佛失了神似的不知目下女子是何人。仿佛是忽然之间，便觉得三毛原本竟是这样深邃的一个人，是根本无法揣度透彻的。温柔有时，暴烈有时。她的温柔与暴烈皆是那样令人铭心刻骨。

她说：

我一再地思想，为什么我要凡事退让？因为我们是中国人。为什么我要助人？因为那是美德。为什么我不抗议？因为我有修养。为什么我偏偏要做那么多事？因为我能干。为什么我不生气？因为我不是在家里。

我的父母用中国的礼教来教育我，我完全遵从了，实现了；而且他们说，吃亏就是便宜。如今我真是货真价实成了一个便宜的人了。

对待一个完全不同于中国的社会，我父母所教导的那一套果然大得人心，的确是人人的宝贝，也是人人眼里的傻瓜。

我，自认并没有做错什么，可是我完全丧失了自信。一个完美的中国人，在一群欺善怕恶的洋鬼子里，是行不太通的啊！我那时年纪小，不知如何改变，只一味地退让着。

可是，令三毛吃惊的是，事发之后，三毛并未受到类似院长胁迫时所说的惩罚。反倒是周身的人对待三毛的态度发生了转变，变得低声下气，变得谦恭有礼。

这个世界上，有教养的人，在没有相同教养的社会里，反而得不着尊重。一个横蛮的人，反而可以建立威信，这真是黑白颠倒的怪现象。

以后我在这个宿舍里，度过了十分愉快的时光。国民外交固然重要，但是在建交之前，绝不可国民跌跤。

你说得真有力量。

亲爱的，三毛小姐。

倾谈三 | 爱到风烟幻灭时

11 | 石火

谁能知道。

遇到那个人的时候。

那个人对不对。

那个时间又是不是刚刚好。

1967年。你在西班牙。

1967年。你遇见了他。

在马德里文哲学院读书的日子，倒也可谓丰盛。除了人际交往先礼后兵的那些事，学业上也颇有长进。在写给台北家人的家书里，她说自己在研读中世纪神学家圣·多玛斯的著作。后来也念"现代诗""艺术史""西班牙文学""人文地理"。

第二年，又去孤自旅行。因当年的学生运动学校停课，三毛自助旅行八日。去了巴黎、慕尼黑、罗马、阿姆斯特丹等很多地方。三毛没有向家中要旅费，只是说"很简单，吃白面包，喝自来水，够活"。也是在西班牙的日子里，亲爱的三毛小姐，开始抽烟了。

是年深秋，他出现了。

那一年，他十七岁。她已二十四岁。是在一个圣诞节的晚上，她遇见了他。那日，三毛在西班牙的中国朋友家里庆贺圣诞，而他，也恰好在。原本只是两个陌生人的遥遥对望。但那一望竟生出了变故。彼时，三毛便想：这个男孩长得真是好看。

后来，三毛知道，他叫Jose。

是在以后，三毛才给他取了一个中文名字：荷西。起初，也就只是彼此合了眼缘，三毛自是没有多想。只是觉得这个男孩实在英俊。这以后，三毛时常去往那位中国朋友家中做客。荷西所住的地方离得不远。一来二去，也便可以常常见面。也会一起打棒球，打雪仗，去逛旧货市场。

那时候，荷西读高三，三毛读大三。

也是因着时常在一起的缘故，西班牙的同学每每见到荷西来找三毛，总是欢喜地叫她说她的表弟来找她了。"表弟"一词在西班牙语中有嘲讽的意味，三毛知道，这是同学在拿荷西跟自己开玩笑。

彼时的荷西在三毛眼中看上去那样的年小。来找三毛，也总是羞涩，因为他的年纪很小，不敢进会客室，所以，总是站在书院外的一棵大树下等候三毛。那些片段在三毛的记忆沉淀下来，是她一生一世都难以忘却的吉光片羽。

荷西为了来看三毛，日日逃课。三毛见状便开始为难。她会像长姐一样地质问他又来找自己却不上课是为什么。而荷西的答案是只想看看她。那一日，他又匆匆从学校旷课赶来，三毛又问："你来做什么？"他在口袋里掏出了十四元西币来（相当于当时的七元台币），然后说："我有十四元钱，正好够买两个人的入场券，我们一起去看电影好吗？但是要走路去，因为已经没有车钱了。"

也不知因何缘故，读三毛的《一个男孩子的爱情》，读至此处，感动了。是在这浮华年代再没有的纯真了。他一无所有，除了爱。而亲爱的人们，有了沉重的爱，难道，这还不够吗？

三毛答应了他。实在是无法拒绝的。

是要如何表达这份欢喜呢？三毛不知。她只是好怜惜目下的痴心少年，他还那样年轻，他理应好好念书日后去跟同他一样年轻充满活力的更优秀的女子在一起，三毛总是这样顾虑。于是，三毛终究还是拒绝了他。树下那个手里总是捏着一顶法国帽而不戴上去的英俊的西班牙少年，荷西。

那些记忆，真是美得伤人。

她说：

有一日，天已经很冷了，我们没有地方去，把横在街上的板凳，搬到地下车的出风口，当地下车经过的时候一阵热风吹出来，就是我们的暖气。两个人就冻在那个板凳上像乞丐一样。这时我对荷西说："从今天起你不要来找我了。"我为什么会跟他说这种话呢？因为他坐在我的旁边很认真地跟我说："再等我六年，让我四年念大学，二年服兵役，六年以后我们可以结婚了，我一生的想往就是有一个很小的公寓，里面有一个像你这样的太太，然后我去赚钱养活你，这是我一生最幸福的梦想。"他又说："在我自己的家里得不到家庭的温暖。"我听到他这个梦想的时候，突然有一股要流泪的冲动，我跟他说："荷西，你才十八岁，我比你大很多，希望你不要再做这个梦了，从今天起，不要再来找我，如果你又站在那个树下的话，我也不会再出来了，因为六年的时间实在太长了，我不知道我会去哪里，我也不会等你六年。你要听我的话，不可以来缠我，你来缠的话，我是会怕的。"他愣了一下，问："这阵子来，我是不是做错了什么？"我说："你没有做错什么，我跟你讲这些话，是因为你实在太好了，我不愿意再跟你交往下去。"接着，我站起来，他也跟着站起来，一齐走到马德里皇宫的一个公园里，园里有个小坡，我跟他说："我站在这里看你走，这是最后一次看你，你永远不要再回来了。"

他说："我站这里看你走好了。"我说："不！不！不！我站在这里看你走，而且你要听我的话哟，永远不可以再回来了。"

那时候我很怕他再来缠我，我就说："你也不要来缠我，从现在开始，我要跟我班上的男同学出去，不能再跟你出去了。"

这么一讲自己又紧张起来，因为我害怕伤害到这个初恋的年轻人，通常初恋的人感情总是脆弱的。他就说："好吧！我不会再来缠你，你也不要把我当作一个小孩子，因为我们这几个星期来的交往，你始终把我当作一个孩子，你说：'你不要再来缠我了'，我心里也想过，除非你自己愿意，我永远不会来缠你。"

讲完那段话，天已经很晚了，荷西开始慢慢地跑起来，一面跑一面回头，一面回头，脸上还挂着笑，口中喊着："Echo再见！Echo再见！"那日，三毛就站在那里看他，而这天，竟忧伤似的落了雪。荷西一边往远处走，一边不舍地回头。而亲爱的三毛，你就"站在那里看荷西渐渐地消失在黑茫茫的夜色与皑皑的雪花里"。你说："那时我几乎忍不住喊叫起来：'荷西！你回来吧！'"

但你最终并没有。

而这一错过，竟是隔了六年那么久。那么久。

这一生，你是她最美好的收获。
而彼时，你和她，都并不知道。

亲爱的，荷西先生。

12 | 弦歌

马德里。

是那样一个有风情的城市。

有手捧鲜花穿梭人群的无依少年。
有手风琴，有斗牛士。
有烟火热闹的太阳门广场。
有散发老旧气息的普拉多画宫里的艺术品。

实在是好浪漫的地方。

荷西之后。

一扇心门被打开，三毛开始与异性交往。也是因了荷西的缘故。

三毛总想着，若是与别的男子交往，荷西大约也就死心了。这样想着，她便与一个日本籍男子有了来往。他家境极好，也是浪漫的人。追求三毛的时候总是用最昂贵的礼物。

平日的小礼物倒还好，遇到贵重的三毛便总不肯收。正派的女孩子总是不该随便收下那些好贵重的礼物，三毛这样认为。

只是，她又实在无法给他以承诺，那个日本男子。而他又实在爱极了三毛。那一日，他竟然买了一辆车要当订婚礼物，请求三毛嫁给他。三毛见状很是紧张，一来觉得自己平日里或多或少也收了他的礼物，与之约会，看上去也理应是欢喜的。二来，又实在爱得还不够。所以，三毛紧张了，哭了。

他其实真是个体贴的男子。他是那样心疼三毛。所以，他对三毛说："不嫁没关系，我可以等，吓到你了，对不起。"其实，那个人大概是对的吧。只是遇到的时间不太对。

也是因为求婚的事情令三毛措手不及，三毛便想，给予对方一个无法兑现的承诺，或是没有可能的希望，是最残忍的。无奈，是骑虎难下，是进退两难，是无可选择。人类除了擅长颓废，做什么都不对。只能逃开，以孤绝的姿态。三毛与日本男子交往了大约半年。

那一年，有个在香港读书的大学生每周都会写信给她。用淡蓝色印着暗花的信纸。他家住在三毛家的附近，每年寒暑假回来太晚，总在三毛家的巷子里徘徊。但三毛未去理会。感情这回事，最讲究的只是你情我愿。她始终都拒绝半分的勉强。

但为了避开日本男子，三毛还是勉强收下了一名德国同学送的花。之于三毛而言，他是个好人，但依然未能与之携手长久。而这一切的水月镜花，大约总是与那个叫作荷西的少年有关。她竟是惶惶终日不能将他忘却。

而日本男子，在得知三毛弃他而去之后，心碎欲绝。日日守在三毛宿舍门外的大树下。但她，却不愿见，不想见，不能见。他立在树下，看过去，好孤独。而她又何尝不是。你想要的爱情，一定是带着神性的信仰，如月入水，如鹿慕溪。也因此，这段感情注定是散灭的。痴情司，总情痴。

三毛想，这辈子对不住的人，大概就是他了。

梦还没有完，大寒尚有蝉。
夜来冒风雪，叫唤着雨点。
梦还没有完，断垣望归燕。
有人情痴得，不怕天地变。

光阴好柔艳，你却不能顾影自怜。

西班牙的课程结束之后，三毛在肖邦和乔治桑住过的一个岛上做了三个月的导游，赚了旅费，便去了德国，西柏林。是仿佛永无止境的旅途。你以一颗炽热的心，去迎对，去浪迹，去谋得更加丰盛的人生。你是手把海棠的女子，袖里藏着文章和春光。目下是无垠旷野，好辽阔。

那是1969年。

在西柏林你过得并不如意。只是一心钻研学业，将整个日子过得好是暗淡。也是无法，你总想着要给予父母一个交代。

三毛是以马德里大学文哲学院的结业证书申请进入西柏林自由大学哲学系就读的。三毛各项条件皆具备，唯独德语一门未曾学习不能过关，在校方建议下，三毛进入歌德语文学院进修。

三毛是个极要强的女子，凡事总不肯屈居第二。这也在学业上无形当中给她自己增添了不少压力。苦习德语的那段时间，她的生活单调、枯燥，甚至令人绝望。

虽然当时三毛也交往了一位名叫约根的德国男友，但他亦是极为自律刻苦的人，两人的交往生活竟只有一同做伴学习这件事。三毛说，当时，"约会也是念书，不许讲一句闲话，更不可以笑的"。而所有的勤苦并不能确保三毛在学业上毫无困阻，依然会遇到考试失利的挫败。而一心想要进外交部的德国男友对三毛学业的要求亦是严苛，却无温柔。

在这样苍白的时年里，她度过了最好的年岁。

是年年末，三毛处于崩溃状态。三毛在《倾城》里这样写："那天，12月2日，终于大哭特哭了一场。不过才是一个大孩子，担负的压力和孤寂都已是那个年龄的极限。坐得太久，那以后一生苦痛我的坐骨神经痛也是当时死钉在桌前弄出来的。而自己为什么苦读——虽然语文是我心挚爱的东西，仍然没有答案。"

风吹云动的世界，星月俱灭。

唯独只有那个人，成为她旅德生涯里最好的光照。是旧粉色的记忆里沉淀下来可供一生缅怀追念的温柔。是在她要去往东柏林的时候遇到的，一名德国军官。世间情爱，莫不须有。以一回眸，以一凝注，以一擦肩之心跳，而扑火。

是年冬，三毛与一名男同学相约去往东柏林。彼时，一堵柏林墙隔断出了水火难解的两个世界。因三毛护照不易通关，绝处逢生地遇到他，承她之助，方始有成。

他在暗处看到她，给予她帮助，追随她，守护她。只是那时光好短暂，仿佛是不曾有过的，幻觉一般。令三毛沉堕。《倾城》原本即她为他所写。他送她过关卡，但回西柏林的关卡却在另外的方向。彼时，三毛想，大约是不能再与他相见了。

不知过了有多久，我弯弯曲曲地走过了一道又一道关，门口站着来接的，是中午那个以为已经死别了的人。他在抽烟，看见我出来，烟一丢，跨了一步，才停。

"来！我带你，这边上车，坐到第五站，进入地下，再出来，你就回西柏林了。"他拉住我的手臂，轻轻扶住我，而我只是不停地抖，眼前经过的军人，都向我们敬礼——是在向他，我分不清他肩上的星。

在车站了，不知什么时刻，我没有表，也不问他，站上没有挂钟，也许有，我看不见。我看不见，我看不见一辆又一辆飞驰而过的车厢，我只看见那口井，那口深井的里面，闪烁的是天空所没有见过的一种恒星。

天很冷，很深的黑。不再下雪了，那更冷。我有大衣，他没有，是呢绒草绿军装。我在拼命发抖，他也在抖，车站是空的了，风吹来，吹成一种调子，夹着一去不返的车声。

没有上车，他也不肯离去。就这么对着、僵着、抖着，站到看不清他的脸，除了那双眼睛。风吹过来，反面吹过来，吹翻了我的长发，他伸手轻拂了一下，将盖住的眼光再度与他交缠。反正是不想活了，不想活了不想活了，不想活了……

"最后一班，你上！"他说。我张口要说，要说什么并不知道，我被他推了一把，我哽咽着还想说，他又推我。这才狂叫了起来——"你跟我走——""不可能，我有父母，快上！""我留一天留一天！请你请你，我要留一天。"我伸手拉住他的袖子，呀！死好了，反正什么也没有，西柏林对我又有什么意义。怎么上车的不记得了。风很大，也急，我吊在车子踏脚板外急速地被带离，那双眼睛里面，是一种不能解不能说不知前生是什么关系的一个谜和痛。直到火车转了弯，那份疼和空，仍像一把弯刀，一直割、一直割个不停。

回到西柏林，三毛病了。

住院多日，病房极冷。三毛写道："我包住自己，总是将头抵在窗口不说什么。"同住一房的一位老太太，想逗三毛说话，走上来，指着窗外对她说："你看，那边再过去，红砖公寓的再过去，就是围墙，东柏林，在墙的后面。你去过那个城吗？"

在我歌唱之外的，不谢的玫瑰，
那盛开的，芬芳的，
深夜里黑暗花园的玫瑰，

每一夜，每一座花园里的，
通过炼金术从细小的，
灰烬里再生的玫瑰。
波斯人和亚里士多德的玫瑰。
那永远独一无二的，
永远是玫瑰中的玫瑰。
年轻的柏拉图式的花朵，
在我歌唱之外的，炽热而盲目的玫瑰，
那不可企及的玫瑰。

博尔赫斯，《玫瑰》。

她去过那个城吗？
是，她去过。

并将最是柔艳的那枝玫瑰，留在了那一处。

我在陌生人中孤独地旅行，
越过海洋在异乡飘零，
英格兰，那时候我才知道，
我对你怀着多深的感情。

终于过去了，那阴郁的梦境，
我再也不愿离你远行，
我只觉得随着时光流逝，
我爱你爱得越发深沉。

当我在你的山谷中徜徉，
曾感到内心憧憬的欢欣，
我钟爱的姑娘坐在炉边，
手摇纺车传来车声辚辚。

朝来暮去，霞光明灭，
曾照亮露西嬉游的庭园，
你绿色的田野曾最后一次，
抚慰过她临终的眼睛。

华兹华斯，《我在陌生人中孤独地旅行》。诗是他对英格兰的乡
愁。而亲爱的三毛小姐，你的乡愁在遥远的台北。是在仿佛无尽又无
尽孤自穿行的漫长黑夜里，你会不时想起，那遥远又遥远的岛屿上住
着的你最亲爱的人。而今，你孤身在异乡，学习，打工，流浪。

那乡愁之浓重深阔大约是旁人不能懂的。

在德国。

三毛生活窘迫，除了学习，还要打工。三毛在西班牙当过导游，
在德国又当过香水模特。日子惨淡艰辛。后来，三毛说，情愿没有拿
到什么证书，情愿说不好德文，而了解他们的衣食住行。

后来，她离开男友约根，离开德国，去往了美利坚。关于约根，
那个一心要进外交部的德国男友，三毛说，当年在机场送她去美国
时，约根曾请求三毛给他一个承诺。约根说："等我做了领事时，嫁
给我好不好？我可以等。"但三毛未能如他所愿，沉默离开。日后提
及约根，三毛说他等了二十二年。当上大使之后，依然在等。

在美国。

三毛得到一个在芝加哥伊利诺伊大学主修陶瓷的机会。但三毛有两位堂兄在美国工作。抵达美国之前，他们建议三毛留在德国。他们告诉三毛，在美国，若无一技之长势必很难生活。这句话落在三毛心里，意味复杂。她是内心极为沉重地来到了芝加哥。

三毛原本即生存能力极强的人。在美国也不例外。一个月内，三毛便谋得了一个工作职位。是在伊利诺伊大学法律系的图书馆负责图书分类。打工赚钱。

彼时，恰好三毛的堂兄有好友在伊利诺伊大学的一家研究所攻读化学博士。所以，当她的堂兄得知此事后立刻拨了长途电话拜托自己的好友就近照顾自己的堂妹。原本也是一件极简单的事。只是，时日久了，总要生发变故的。人心，是世间最深不可测之物。

他之于三毛的照顾可谓无微不至。每日午时，必定准时送来午饭，是用纸口袋整齐装好的。里面放有一块丰富的三明治，一个白水煮蛋，一个水果。原本也很是简单美好，但有一日，他对三毛说了这样的话。——他说："现在我照顾你，等哪一天你肯开始下厨煮饭给我和我们的孩子吃吗？"

爱与不爱这回事，原本即命定的。一眼看过去，心便知晓。目下那人，是否是此生依依等待的，是否是可与之携手共度到白首的。而彼时的三毛小姐，亦非常清楚。他与你，并不是合适的，并不是对的。纵然堂兄对她说，他是极好极好的一个不该错过的男子。

她不是没有妥协过。

只是，妥协之艰难，胜过筋骨之劳体肤之饿。是极不容易的。而你，生性敏感，又对爱执着。勉强给予旁人的不为难却又实在令自己辛苦至极。于是，那一日，你突然改变了这个念头。

——该回家了。

是有多久了。你离开台北只身漂泊，流浪异乡。以寂寞为食，孤自在困境里攀走。也实在有些年头了。回家，实是一件理所应当的事情。也因此，你也可以避开这些情来情往的纷扰。做回在书房里以文字为食与世无争的寂静女子。

离开美国的时候，是他送三毛去机场的。三毛的飞机需要从芝加哥飞往纽约，转机回台北。行前，他对三毛讲了这样的话："我们结婚好吗？你回去，我等放假就回台湾。"彼时，三毛哑言。只是伸手理了理他的大衣领子。

三毛想，她与他之间，也就只能这样。

是年，1971年，你二十八岁。

Echo，又见你慢吞吞地下了深夜的飞机，闲闲地跨进自己的国门，步步从容地推着行李车，开开心心地环住总是又在喜极而泣的妈妈，我不禁因为你的神态安然，突而生出了一丝陌生的沧桑。深夜的机场下着小雨，而你的笑声那么清脆，你将手掌圈成喇叭，在风里喊着弟弟的小名，追着他的车子跑了几步，自己一抬就抬起了大箱子，丢进行李厢。那个箱子里啊，仍是带来带去的旧衣服，你却说："好多衣服呀！够穿整整一年了！"便是这句话吧，说起来都是满满的喜悦。

好孩子，你变了。这份安稳明亮，叫人不能认识。

你写过这样一篇文章，《说给自己听》。那是你学成归国时的心意。是一种感动，一份安然。是物是人非，却又实在令你觉得惊喜。时隔多年，你回到这里，仿佛是初相遇，又实在是久别重逢。

回到台北的三毛，在阳明山上教书。任职于文华学院、政工干校、家专，教授德语。彼时的三毛，已长成利落深邃的女子。那个时期三毛自比为日本作家芥川龙之介的小说《河童》里的主人公，河童读作KAPA，她还要同学称她卡帕。三毛原本便是极有文艺气质的女子。归国之后，外人看她，更觉其深邃不可知。三毛的游学经历是三毛在读者心中的附加值，令三毛大受文艺青年的欢迎。

有些事，再不做，你怕来不及。

于是，你一转身，以苍凉又华丽的姿势，往回走。

回到台北。

14 | 情冢

在台北。

你常去的那家咖啡店还在。

20世纪70年代，明星咖啡馆盛名在外。它一如而今的诚品书店，是当时台北的文化地标，是文人墨客时常聚集的地方。你尚且记得，那一年，你与那个叫梁光明的男子，也常常来到这里。坐一坐，喝杯咖啡，聊天，看风景。彼时，人生像幻觉。美至令人难以置信。

明星咖啡馆历史悠久。1917年，俄国境内发生大革命，几个俄国人一路流亡，抵达中国上海。在上海，他们合资开过面包厂。后来，国共内战结束之后，他们又一路流亡，来到台北。开了这家明星咖啡屋。白先勇曾专门为它撰文，《明星咖啡馆》：

明星大概是台北最有历史的咖啡馆了。记得二十年前还在大学时代，明星便常常是我们聚会的所在。那时候，明星的老板是一个白俄，蛋糕做得特别考究。奶油新鲜，又不甜腻，清新可口，颇有从前上海霞飞路上白俄西点店的风味。二楼陈设简朴。带着些许欧洲古风。那个时期，在台北上咖啡馆还是一种小小的奢侈，有点洋派，有点沙龙气息。幸而，明星的咖啡价格并不算贵，偶尔为之，大家还去得起。

明星在武昌街，靠近重庆南路，门口骑楼下有一个书摊，这个书摊与众不同，不卖通俗杂志，也不卖武侠小说，有不少诗集诗刊，也有《现代文学》，那便是孤独国主周梦蝶的诗之王国。周梦蝶隐于市，在车马喧嚣中，参悟到明年髑髅的眼中，虞美人仍旧抽着苗长。《现代文学》常常剩下许多卖不出去的旧杂志，我们便一包包提到武昌街，让周梦蝶挂在孤独国的宝座上，然后步上明星的二楼，喝一杯浓郁的咖啡，度过一个文学的下午。那时节明星文风蔚然。《创世纪》常在那里校稿，后来《文学季刊》也在明星聚会。

而今，你又回到这里。

物是人已非，你竟也不觉得伤感，只是叹息。人生之变故，竟是来得这样迅猛和天翻地覆。重返台湾任教之后，三毛依然习惯每日来此小坐。而那一日，你遇见了一个人。恍惚是前生有约的人。但其实不是，而这，也是后来你才知道的。

那日，你在咖啡馆遇见他。他一言不发，如同磐石，也无动作，只是闭目。长发，清瘦。看上去真寂寞。看得你竟不经意有些心痛了。后来，他与你说话。你方才知道，他是画家。你忽然记起少女时代痴爱的毕加索。

是已过去很多年了。

他那日穿的T恤令你印象深刻。胸前是一片凝重错乱的色彩，似有印象画派的风范。也不知是因何缘故，她竟愿意跟他聊得更多些，更久些。甚至，她并不知是因为那件T恤还是因为少年时的毕加索情结或者是他本身的缘故。

后来，三毛去了他的画室。是真的极有才华的男子。每一幅画都仿佛是为三毛定制的。令她喜爱至极。尽管那些画恐怕真的一点都够不上真正伟大的艺术品的级别，但三毛依然是将他当成一个真正的艺术家的。那些作品在三毛眼中也是极好、极上乘的。

三毛是迷人的。

一头长发，波希米亚长裙，深邃的五官。纵使没有寻常所言说之美艳，但也定有一种无可言说之清好。似白莲，是天然即有一种卓尔不群的气场在的。男人总是会对三毛生发征服欲望。而生性欲望这件事，总是充满并不持久的动物性。也因此，往往三毛所遇之男子并不值得倾心。

他亦如是。后来，他向三毛求了婚。

事情的发展起初很是平顺。他之于三毛，言及爱，大约是严重了。但喜欢，是有的。也是到了男婚女嫁的年岁，孤自浪迹天涯也已是很久。若是能得一内心稳厚的男子，与之相惜，相伴，也是一件好事。所以，对婚姻这件事，三毛第一次下了决心。

纵有陈家父母反对，也未能阻止。

而这件事结束的时候竟是那样令她觉得羞耻、难堪。以至于在未来的生活里，从不避讳个人情感经历的三毛唯独对此事绝口不提。在即将举行婚礼之前，三毛方才发现那人竟早已有了妻室。而与她之间的爱或不爱，皆是谎言。

人之极可惧处便是心之叵测。

1977年，三毛出版了《哭泣的骆驼》。在书里三毛写了这样一段话："漂流过的人，在行为上应该有些长进，没想到又遇感情重创，一次是阴沟里翻船，败得又要寻死。那几个月的日子，不是父母强拉着，总是不会回头了，现在回想起来，塞翁失马焉知非福，没有遗恨，只幸当时还是父母张开手臂，替我挡住狂风暴雨。"

大约写的就是这件事了吧。

她是过于执着了。《心经》云："心无挂碍，无挂碍故，故无有恐怖，远离颠倒梦想。"天地沙鸥，人如芥子。背上禅的行囊，在人世逡巡一遭，也就罢了。但三毛不，她自始至终都在竭尽全力地活，爱这件事，令三毛活得愈加沉重。

后来，她遇到了一名德国男子。

是在网球场上认识的。父亲陈嗣庆热爱运动，在三毛心绪不佳的时候，父亲总会鼓励三毛去运动。譬如网球。父亲甚至专门为三毛定做了球衣，买了一部自行车供三毛往返。在网球场上，陈嗣庆认识了一名四十五岁的中年男子，是一名德国教师。

德国男子身材高大，为人又很是儒雅，总是彬彬有礼。自因了陈嗣庆的缘故与三毛相识起，便对三毛呵护备至。心思是极细腻的。除了与三毛切磋球技，也会帮助三毛解决一些德育教学过程当中遇到的问题。两人的相处是温和又缓慢的。一切看上去都很是熨帖。

一年之后，德国教师向三毛求婚。
三毛说，好。

情之来往，不讲道法。但水到渠成总是好的。

而彼时，你依然不知道，你与他。
依旧只是，水月空花，一场梦境。

15 | 重逢

梧桐树，

三更雨，

不道离情正苦。

一叶叶，

一声声，

空阶滴到明。

他们是小别。你们是长诀。

确定婚事之后，三毛和德国男子去台北重庆南路的一家印刷店印类似婚柬的名片。从字体，到版式，到名片的质地。二人用尽心思。印刷店说周期大约半个月，半个月后务必准时来取。彼时的二人，是欢天喜地，仿佛这人间剧场就只有她与他二人独在。

就是那一晚。

始料未及的变故发生了。运命之多舛难测实是会耗尽人气的。是突如其来的当头一棒，避之不及，只能莫名领受。是夜，德国男子心脏病突发猝死。仿佛是一场戏剧。你来我往，你走我留。理想总是丰满，现实却真真是过于骨感。

十七年后，三毛回忆起此事，依然记得那盒名片。她说："那盒名片直到今天还没有去拿。"在《哭泣的骆驼》的序言当中，三毛写道：

过了一年，再见所爱的人一锤一锤钉入棺木，当时神志不清，只记得钉棺的声音刺得心里血肉模糊，尖叫狂哭，不知身在何处，黑暗中，又是父亲紧紧抱着，哭是哭疯了，耳边却是父亲坚强的声音，一再地说："不要怕，还有爹爹在，孩子，还有爹爹姆妈在啊！"

在德国教师去世之后不久，三毛抑郁成疾，曾在家中吞食药剂自杀。幸运的是，被人及时发现，送医急救。深情即一桩悲剧，必须以死来句读。说得真真是不错。只是而今的你，依旧那么美好那么年轻，还有大把的光阴要行度。

后来，三毛在一次访谈当中也曾提到这件事：

　　我不否认我爱过人，一个是我的初恋，他是一个影响我很深的人。另一个是我死去的朋友……如果分析爱情的程度来说，初恋的爱情是很不踏实，很痛苦的，假使我在那个时候嫁给初恋的人，也许我的婚姻会不幸福。第二个因为他的死亡，他今天的价值就被我提升了。也许他并没有我认为的那么好，因为他死在我的怀里，使我有一种永远的印象。而他的死造成了永恒，所以这个是心理上的错觉。

　　依然是这样的境况。

　　爱别离，求不得。情里情外总是禅意深深。一草一木皆有情，一花一木总关禅。三毛人如其文，潇洒，有力，逼迫真实，但总是少了几分静定的禅意。也因此，她比旁人，总是铿锵一些，总是遒劲一些。

　　佛说："人生在世如身处荆棘之中，心不定，人不妄动，不动则不伤；如心动则人妄动，伤其身痛其骨，于是体会到世间诸般痛苦。"台北，纵使有万千好处，一旦伤了，终归是令她难以低首融入的。

　　时隔六年，旧影重现。当年因爱离走的少女，今日依然敏感如初。一颗千疮百孔的心，破碎如花。青山作幕，流水为台。她自尘埃步出，背起行囊，又一次踏离故土。

　　是六年了。

她又一次重返西班牙。是莫名地，她这样怀念它。彼时，三毛并不知道，在西班牙，她竟然会重新遇见他。人生如戏亦如梦。聚散合离，总是由不得人。都是命数。有一些人，稍作停留，便天涯两端。有一些人，注定不离，即海角天涯，山水阻隔，也不能够。

去往西班牙半年前。三毛收到了来自西班牙的信。信中附了一张照片，是荷西。他身着泳裤在海中抓鱼，身形较之从前，愈加壮硕。荷西在信里说，当年那个十八岁的少年，在大雪之夜，被她离绝，伏枕痛苦一整夜，连死也是曾想过的。

而当年，他许诺的六年期限，到了。

当初我们分开的时候，
是在沉默与眼泪之中，
半点破碎的心，
割断了这漫漫多年。

你的脸颊苍白冰冷，
你的吻仿佛寒冰，
那一刻是真正的征兆，
映衬我今日的悲伤。

清早凝结着寒露，

碎落的寒气凝上我的额角，
那感觉就好像是，
对我的忠告。

······

他们在我面前提到你，
我心底丧钟如雷，
全身一阵战栗，
为何我对你还如此轻重。

没有人知道我本熟识于你，
或许是太熟识了，
这么长这么长的时光啊，
那段悲伤悔恨的日子太深重。

······

如果我还能见到你，
时隔多年，
我将如何面对你，
以沉默，或者以眼泪。

1972年，三毛二十九岁。是年冬日。她重返西班牙马德里。抵达马德里后，三毛与三名西班牙女子合租一处。房屋宽敞明净。昔日老友得知消息后也纷纷来探。室友都是极洒脱开朗的人，与三毛相处融洽。时常忆起逛学生区、旧货市场，也会一起去酒吧，或是一起参加舞会。

　　三毛在马德里找了几份英语家教的工作，也开始给《实业世界》杂志撰稿。感情旧伤日渐平复，心中郁结也日渐舒展。年近三十的三毛，仿佛是在这异乡拾获了片刻的静好时光。

　　那一日，三毛去义父徐盱的家里拜访，遇见一妙丽的西班牙少女。起先，三毛并未认出女子是何人。直到少女大喊三毛的英文名字：Echo，Echo。三毛定睛一看，方才认出少女正是荷西的妹妹伊斯蒂。六年未见，伊斯蒂俨然已长出了风情。

　　伊斯蒂告诉三毛，哥哥正在南方服兵役，还有月余时间方能归家，回到马德里。伊斯蒂深谙荷西心意，见到三毛，伊斯蒂不时表达多年以来荷西持久不曾变化的情意。也一再嘱托三毛务必给荷西写去一封信聊以寄慰。

　　匆忙之间，三毛只短短用英文写了一句：
　　"荷西，我回来了！"

　　是那样简短，又是那样极有分量。之于荷西而言，三毛这一句话，分明就有中国古人所说的"家书抵万金"之意义。纵然这"家"尚未成。不久之后，三毛便收到回信。彼时，三毛忘了荷西不懂英文，加上服兵役时期时间紧迫，只见回信上贴满荷西从画报上剪下的潜水者漫画，幽默地注上那便是自己。

　　后来，荷西急于让三毛知道自己的归程，便从伊斯蒂处要来三毛的电话。从南方打来长途电话想要亲自告诉三毛自己何时归家。却不想，那一日，三毛与友人出游，直至夜深方才归来。回家之后，室友说有男子打来十余个电话想要找她。

　　正说时，又接到一女友的电话，说有要紧的事需要三毛去她家中与之面谈。虽时间已晚，但听见女友声音急迫，三毛便连忙打车去往女友的住处。抵达之后，女友将三毛引至客厅，忽然说出让三毛闭眼的话。彼时，三毛猜测大约是女友间的恶作剧，便也配合。

　　当三毛闭上双眼之后，她听见女友说自己先要出去要将三毛留在客厅。正愁思间，忽有一双手臂将三毛拥抱起。待三毛睁眼一看，竟是那隔了千山万水也要将她等到的男子——荷西。而今，他竟已长得这样高大强壮，这样充满男性魅力。

　　昔日的青涩少年的一双朦胧泪眼仿佛不过是昨日之事。时光之迁变竟至令人匪夷所思的地步。纵如此，她与他竟依然能够在人群里再相见。三毛想，这大约也是缘分了。

我曾经爱过你；
爱情，也许，
在我的心灵里还没有完全消失；

但愿它不会再去打扰你；
我也不想再使你难过悲伤。

我曾经默默无语地，
毫无指望地爱过你，
我既忍着羞怯，
又忍受着妒忌的折磨；

我曾经那样真诚，
那样温柔地爱过你
但愿上帝保佑你，
另一个人也会像我一样爱你。

普希金的诗，《我曾经爱过你》，写至这一处，引来倒是应景。当年的荷西，大约也是爱极了这一首诗的。且也只有这一首诗才能够描摹当年那个心碎少年的境况了。但而今的一幕令三毛沸腾了。

　　"我兴奋得尖叫起来，那天我正巧穿着一条曳地长裙，他穿的是一件枣红色的套头毛衣。他揽着我兜圈子，长裙飞了起来，我尖叫着不停地捶打着他，又忍不住捧住他的脸亲他。站在客厅外的人，都开怀地大笑着，因为大家都知道，我和荷西虽不是男女朋友，感情却好得很。"三毛说。

　　是，在她说要与荷西久别后的第六年，命运又将她带回了他的身旁。一切仿佛不曾发生，那些支离破碎的、伤心欲绝的、寒雪拂面的过往。所谓"缘"，也就是如此了。

　　好庆幸，
　　而今。

　　流年依然无恙。
　　岁月寂静如初。

倾谈四 | 爱到年华散尽时

16 | 沙漠

有些情，有些爱。
多年过去再回来。

女人问，晚不晚。
男人说，不晚。一点都不晚。

那个下午。时光安静走过。她随他去了他的家，是那样一座温柔
的老房子。他的房间又实在好别致。只是昏暗日光下，显得好寂寥。
荷西说，看那里。三毛顺着荷西手指的方向，一面斑驳老墙，覆满泛
黄老照片。是，都是她的。

于是，她沉默了。

仿佛，是那些老旧的黑白照片，维系着荷西对三毛的热爱。与之

相伴，寂寞度过了几千日夜。抬头所见，是她。低头可见的，依然是她。这方寸空间之内，除了他，便是她。以及那些寂寥落寞清寒冷淡的漫长岁月。

三毛自知未曾寄给他照片，便询问荷西照片的来处。荷西说，是在三毛友人那里看到的。三毛常常从台北寄给义父徐吁照片。荷西兄妹也与徐吁熟识，每每在徐吁的家里看到，总要将照片窃来，拿去照相馆做底片放大，而后再归还照片。是这样良苦用心地，想要留下一些与她有关的什么。

纵而今他已日渐长成为一个磊落成熟的男子，但一双童真目光依然不改。他凝视她，仿佛凝视一个梦想。是那样虔诚，又热血沸腾。三毛想，来来回回走过多年，深深浅浅爱过几回，或许，都只是为了今次与他的久别重逢。

世间，大约再没有比荷西更爱她的男子了。

所以，她终于开了口。三毛问："荷西，记得你六年前的话吗？你还想结婚吗？如果我告诉你，我要嫁给你，会太晚吗？"这话落在荷西耳中，似幻似真，令他情不能自已，泪流满面地说："不晚，不晚。一点都不晚。"

是，一点都不晚。

荷西爱海。热爱海之苍茫、深邃、壮阔。是心有大乾坤的人。虽然荷西在学校学的是工程，但对大海之迷恋超越所有。与三毛在一起的时候，不能断绝的话题便是，海。无边无尽浩瀚难测的，大海。

荷西天性里的自由和突破对三毛的生活态度起到了深重的影响。也是荷西，令三毛内心深处那一匹脱缰野马再不受圈囿。那日，荷西说，计划来年夏天跟几个朋友驾帆船航海旅行，一直漂流到爱琴海去潜水。这一直都是荷西服完兵役最想要做的事情。

三毛也觉得好，她想着，若是可以当水手的厨娘，也理应是件极美妙的事。只是，较之于爱琴海，她内心另有执迷。是一次在《国家地理》杂志上看到一张日照大漠的照片之后便有的执念。是，她想去撒哈拉沙漠。很想，很想。

关于沙漠，关于撒哈拉。

你在《白手成家》里写：

我的半生，漂流过很多国家。高度文明的社会，我住过，看透，也尝够了，我的感动不是没有，我的生活方式，多多少少也受到它们的影响。但是我始终没有在一个固定的地方，将我的心也留下来给我居住的城市。

不记得在哪一年以前，我无意间翻到了一本美国的《国家地理》杂志，那期书里，它正好在介绍撒哈拉沙漠。我只看了一遍，我不能解释的，属于前世回忆似的乡愁，就莫名其妙，毫无保留地交给了那一片陌生的大地。

　　等我再回到西班牙来定居时，因为撒哈拉沙漠还有一片二十八万平方公里的地方，是西国的属地，我怀念渴想往它奔去的欲望就又一度在苦病痛着我了。

　　这种情怀，在我认识的人里面，几乎被他们视为一个笑话。

　　我常常说，我要去沙漠走一趟，却没有人当我是在说真的。

　　也有比较了解我的朋友，他们又将我的向往沙漠，解释成看破红尘，自我放逐，一去不返也——这些都不是很正确的看法。

　　好在，别人如何分析我，跟我本身是一点关系也没有的。

　　三毛也曾试图探寻荷西的意思，但并未得到过荷西明确的回应。三毛便想，也罢，去航海也是很好的。而后，也便未曾再提。是年新年之后，荷西忽然失踪了，多日里，三毛遍寻不见其人影。正内心踌躇忧心之时，收到了一封荷西寄自沙漠的信。

　　荷西说，这段时间他是忙着为了在撒哈拉的一家磷矿公司申请职位。等有了工作，三毛来到沙漠，自己才能好好照顾她。三毛也曾劝说荷西不要因为自己去沙漠受苦。

　　但荷西说："我想得很清楚，要留住你在身边，只有跟你结婚，要不然我的心永远不能减去这份痛楚的感觉。我们夏天在沙漠结婚好吗？我在沙漠等着你。"

　　你想要的就是，一种一生惜两相浪迹天涯的，爱情。后来，你在《回声·三毛作品第15号》里的《沙漠》中念了这样的独白：

后来，
我有一度变成了，
一个不相信爱情的女人。
于是我走了。
走到沙漠里头去，
也不是去找爱情，
我想大概是去，
寻找一种前世的乡愁吧。

那首歌。
齐豫和潘越云唱得真是悲痛又苍茫。

前世的乡愁，
铺展在眼前。
一匹黄沙，
万丈的布。

当我，当我，
被这天地玄黄，
牢牢捆住，
漂流的心，
在这里，
慢慢慢慢，
一同落尘。

呼啸长空的风，
卷去了不回的路。
大地就这么，
交出了它的秘密。

那时，沙漠便不再只是沙漠
沙漠化为一口水井，
井里面一双水的眼睛，
一双水的眼睛，
荡出一抹微笑。

我们相遇了，你点点头。

省略了所有的往事。

省略了问候。

撒哈拉沙漠是世界第一大沙漠。其中西班牙属撒哈拉一部分，占地26.6万平方公里。这片大漠之上，只有七万人居住，人烟稀少。又终年乏雨，是真真草木枯疏、黄沙弥漫之地。景色苍荒。

也是因着这一份仿佛与世隔绝的苍凉，令三毛对它有一种无法卸放的痴往。要抵达，要停留，要居住。要享受庸常生涯之外的另一种萧萧人生。

三毛抵达阿雍（今译为"阿尤恩"）机场那一日，已与荷西分别三月有余。相见时，三毛惊诧。只见荷西身着一件卡其色衬衫，一条极脏的牛仔裤。须发之上皆是黄沙，脸被强烈日照晒得黑红，嘴唇又极为干裂。拥抱三毛时，双臂虽依旧强壮有力，却较之从前明显粗糙。

三毛行李不多却也不少。一只大行李箱扛在荷西肩上。她手提一个枕头套，背上另背有一个背包。与荷西并肩回走时，三毛隐隐也有预料自己即将面对的生活之艰辛之严酷之暗淡萧疏。她说："我这才联想到，我马上要面对的生活，在我，已成了一个重大考验的事实，而不再是我理想中甚而含着浪漫情调的幼稚想法了。"

但"从机场出来，我的心跳得很快，我很难控制自己内心的激动，半生的乡愁，一旦回归这片土地，感触不能自已"。沙漠之美，依然令你有不负此生之喟叹。

你写道：

撒哈拉沙漠，在我内心的深处，多年来是我梦里的情人啊！我举目望去，无际的黄沙上有寂寞的大风呜咽地吹过，天是高的，地是沉厚雄壮而安静的。正是黄昏，落日将沙漠染成鲜血的红色，凄艳恐怖。近乎初冬的气候，在原本期待着炎热烈日的心情下，大地化转为一片诗意的苍凉。荷西静静地等着我，我看了他一眼。

他说："你的沙漠，现在你在它怀抱里了。"

我点点头，喉咙哽住了。

从机场到荷西租住已半个月的房子有一段距离。因为行李当中有书，所以沉重。二人也因此走得缓慢。也曾试图拦车，但并无车辆停下载上他们。大约走了四十分钟，三毛方才见到荒漠里的生机。

走了快四十分钟，我们转进一个斜坡，到了一条硬路上，这才看见了炊烟和人家。荷西在风里对我说："你看，这就是阿雍城的外围，我们的家就在下面。"远离我们走过的路旁，搭着几十个千疮百孔的大帐篷，也有铁皮做的小屋，沙地里有少数几只单峰骆驼和成群的山羊。

我第一次看见了这些总爱穿深蓝色布料的民族，对于我而言，这是走进另外一个世界的幻境里去了。

风里带过来小女孩们游戏时发出的笑声。

有了人的地方，就有了说不出的生气和趣味。

生命，在这样荒僻落后而贫苦的地方，一样欣欣向荣地滋长着，它，并不是挣扎着在生存，对于沙漠的居民而言，他们在此地的生老病死都好似是如此自然的事。我看着那些上升的烟火，觉得他们安详得近乎优雅起来。

自由自在的生活，在我的解释里，就是精神的文明。

直到二人步入一条长街，街旁开始出现空心砖构筑的四方平房。寂寥又桀骜地散落在大漠斜阳之下。看过去孤单却又实在壮美。实在也是一道好风景，在初抵达阿雍城的三毛眼中。彼时，三毛一眼便注意到并列的一条房屋最后那一幢很小且又长圆形拱门的小房。直接告诉荷西。那是她的。

是她跟荷西的家。

果然，荷西径直走向小屋，汗流浃背地将三毛的行李箱放在门口，然后回身看她，笑了一笑，说："到了，这就是我们的家。"是，这就是三毛跟荷西在撒哈拉沙漠里的家。在这一处，三毛与荷西共同度过了生命当中最艰辛诡谲的时光。

门被荷西打开，一条暗淡的走廊出现在三毛眼前。荷西转身凝望三毛，靠近她，又抱起她，对她说："我们的第一个家，我抱你进去，从今以后你是我的太太了。"

一如你说，你们是一种很平淡深远的结合。

　　人生并不漫长，平淡才是真。透支的爱，总是来去匆匆。时间那么短，记忆那么长。途经的一山一水，路遇的一朝一夕，原本便是理应与那人静默度过的。得一人心，白首不离。若得安稳，已是静好。

　　他们的家有一大一小两间房。大房间临街，三毛步测大小约横四步直五步。小房间只能放下一张床。厨房极小，大约一两平方米。当中只有一个脏污发黄的水槽和一个水泥砌成的简陋平台。家里没有抽水马桶，没有洗脸池。

　　但三毛庆幸家里有一个浴缸。三毛说："它完全是达达派的艺术品——不实际去用它，它就是雕塑。"她是实在爱极了这个浴缸的吧。

　　厨房浴室之外通往一个公用的天台。荷西竟然买了一只母羊，跟房东的羊群混在一起饲养。荷西考虑还算周全，一只母羊至少保证了以后每日妻子都有鲜奶可饮。令三毛很是惊喜。

　　但惊喜之余，家里需要打理之处实在很多。譬如，室内的水泥地高低起伏，很是不平整。墙体是空心砖垒筑的，上半部分没有抹上石灰，砖块接缝之处的干水泥凹凸不平非常粗糙。灯泡极小，电线极脏，墙角有缝，凉风不时灌入。水龙头里只能流出几滴脏浊的绿色液体。水比油贵，需要向市政府申请送水。

　　在阿雍，沙哈拉威人住在镇上。所谓"镇上"即市政府，是撒哈拉沙漠的行政与城镇中心。银行、法院、邮局、商店，以及荷西就职公司的总办公室都在那里。这里也有酒店、电影院。总督的家也在这一处，归置得很是华丽。也有一家四星级的国家旅馆。这里，是殖民地白人的生活范围。但也不过两三条街大小。

三毛与荷西住在"镇外"。所居住的那一带叫作"坟场区"。很是荒凉。抵达阿雍的当日，两人便一起去往镇上添置家当。三毛买了一个小冰箱、一个煤气炉和其他生活必需品。

购物途中，三毛始终拎着自己从马德里带来的枕头。荷西不解。三毛说枕头里藏着一大沓钞票。来沙漠之前，远在台北的父亲曾经给过三毛一笔钱，以供三毛应付在沙漠的不时之需。

也因这枕头套里藏有钞票的缘故，荷西便以为三毛到底是女子，是吃不了苦头的，便说："你来撒哈拉，只是一件表面倔强、内心浪漫的事，你很快就会厌烦它。你有那么多钱，你不会肯跟别人过日子。"荷西的话令三毛很是委屈。

三毛难以接受荷西会以为自己是一个虚荣的没有分量的女子。她便想着，定要改变荷西对自己的偏见。要让荷西知道自己是一个愿与之同甘共苦可与之相伴度日的有担当的女子。

是夜。他们在近乎零度的气温里，睡在水泥地上的帆布袋上。三毛蜷缩在睡袋里，而荷西则只裹了一条毯子。越夜越冷，却不寂寥。
三毛想，如是过完这辈子，也是很好。

　　这便是，亲爱的三毛小姐在撒哈拉的第一日。

你们说好的。

要去沙漠结婚的。

在阿雍的第二日，你们便想，要去结婚了。去镇上的法院咨询申请时，方才知道手续是那样烦琐。一件以为好简单的事，原本不是这样的。你们竟不知道，原来两个人想要生死不离又合情合法竟是这样难的。

在阿雍，外籍人士登记结婚需要涉及许多地方外交部门的文件。譬如三毛与荷西，需要台湾的、台湾驻葡萄牙机构的、西班牙外交部的，而后才能在阿雍小镇做登记处理。再发还马德里的原籍做公告，文件旅行的时间大约便要三个月。

于是，你们今日作罢，着手办理文件。

在阿雍，荷西工作忙且劳碌。他工作的磷矿工地，远在离家约一百公里来回路程的地方。每日，荷西都是下班之后赶回家中陪伴三毛，夜深之后再赶回工地宿舍。因此，大部分的白日光阴，三毛都是独守家中。不是不寂寞的，但无法。

唯一的好处是，三毛可以利用白天的时间独自在沙漠旅行。"只有在深入大漠里，看日出日落时一群群飞奔野羚羊的美景时，我的心才忘记了现实生活的枯燥和艰苦。"三毛这样在文章里写道。

结婚之前的一段时间，荷西为了多挣钱，常常加班，夜以继日的工作致使夫妻二人总是无法见面。荷西在外，家中大小事务只能三毛亲力亲为，粗重的活也不例外。买水是极累人的事情，三毛每每买水返程的路上，提着沉重的水桶，走得极为缓慢。令脊椎原本便不好的三毛十分苦痛。

灼人的烈日下，我双手提着水箱的柄，走四五步，就停下来，喘一口气，再提十几步，再停，再走，汗流如雨，脊椎痛得发抖，面红耳赤，步子也软了，而家，还是远远的一个小黑点，似乎永远不会走到。

提水到家，我马上平躺在席子上，这样我的脊椎就可以少痛一些。有时候煤气用完了，我没有气力将空桶拖去镇上换，出租车要先走路到镇上去叫，我又懒得去。

于是，我常常借了邻居的铁皮炭炉子，蹲在门外扇火，烟呛得眼泪流个不停。

在这种时候，我总庆幸我的母亲没有千里眼，不然，她美丽的面颊要为她最爱的女儿浸湿了——我的女儿是我们捧在手里，掌上明珠也似的抚养大的啊！她一定会这样软弱地哭出来。我并不气馁，人，多几种生活的经验总是可贵的事。

结婚前，如果荷西在加班，我就坐在席子上，听窗外吹过如泣如诉的风声。家里没有书报，没有电视，没有收音机。吃饭坐在地上，睡觉换一个房间再躺在地上的床垫上。

墙在中午是烫手的，在夜间是冰凉的。电，运气好时会来，大半是没有电。黄昏来了，我就望着那个四方的大洞，看灰沙静悄悄地像粉一样撒下来。夜来了，我点上白蜡烛，看它的眼泪淌成什么形象。"

诸如此类的事情，不在少数。

家里没有电视机，没有收音机，没有书报。甚至在部分的时间，是没有电的。纵使三毛想要落笔写下什么，也只能找一块木板垫在膝盖上方能勉强写就一些。

日暮黄昏或是夜阑人静时分，三毛分外想念荷西。却是念而不得。他远在一百公里之外的地方。每次荷西赶回家中之后，三毛总会央求荷西不要离开。那语气仿佛是一个无依的女童。荷西看着很是心痛。但也无法，他需要挣钱，给自己和三毛未来挣一个前程。

在这一段白手成家同甘共苦的时间里，二人愈加深刻地认识了自己的伴侣。都是极有担当又情深意重的人。而结婚的事情，因着文件阻困也一直没有进展。

他们的家没有门牌。因此，三毛就在邮局租下了一个邮箱。每日都要步行一小时到镇上的邮局查收邮件。也因为登记文件的缘故常常来往当地法院，这里的人对三毛都渐渐熟识。那日，法院的秘书突然叫住三毛。三毛回头，听到他说：

"明天下午六点半，可以结婚。"

是如获至宝一般的狂喜。是生命抑扬顿挫当中一个蚀骨音调。令三毛终身不能忘却那一瞬间的丰盛情绪。是喜悦，是感动，是漫长等待之后的有所得到。

彼时，荷西所在公司的司机正开着吉普车经过法院，恰巧被三毛看见。于是，三毛便上前拦下车子，请司机帮她转告荷西明天就可以结婚的事情。司机狐疑，竟有男人不知自己明天结婚。三毛说，不光如此，自己也是刚刚知道明天可以结婚的。

一切来得实在令人感到唐突，却又狂喜。

荷西得知消息之后飞奔回家。和三毛一起出门给家人发电报。事后，荷西带三毛去镇上的电影院看了一场电影《希腊左巴》，算是告别，对过往的艰辛、等待、错过又重逢的单身时光。

次日，他们完婚。

结婚那日下午，荷西回家的时候手里捧着一个纸盒。三毛以为是鲜花之类的新婚礼物，兴奋地一边叫着一边抢。当三毛打开纸盒一看，是一副完整的骆驼头骨。是又一次的惊后狂喜。回想起自己前一刻的平庸期待，三毛竟觉羞愧。

你甚至为它写了文章，叫作《结婚礼物》。

那时候，我们没有房，没有车，没有床架，没有衣柜，没有瓦斯，没有家具，没有水，没有电，没有吃的，没有穿的，甚至没有一件新娘的嫁衣和一朵鲜花。

而我们要结婚。

结婚被法院安排在下午六点钟。白天的日子，我当日要嫁的荷西，也没有请假，他照常上班。我特地来回走了好多次两公里的路，多买了几桶水，当心地放在浴缸里存着——因为要庆祝。

为着来来回回地在沙漠中提水，那日累得不堪，在婚礼之前，竟然倒在席子上睡着了。

接近黄昏的时候，荷西敲门敲得好似打鼓一样，我惊跳起来去开门，头上还都是发卷。

没有想到荷西手中捧着一个大纸盒，看见他那焕发又深情的眼睛，我就开始猜，猜盒子里有什么东西藏着，一面猜一面就上去抢，叫喊着："是不是鲜花？"

这句话显然刺伤了荷西，也使体贴的他因而自责，是一件明明办不到的东西——在沙漠里，而我竟然那么俗气地盼望着在婚礼上手中可以有一把花。

打开盒子来一看的时候，我的尖叫又尖叫，如同一个孩子一般喜悦了荷西的心。

是一副完整的骆驼头骨，说多吓人有多吓人，可是真心诚意地爱上了它，并不是做假去取悦那个新郎的。真的很喜欢、很喜欢这份礼物。荷西说，在沙漠里都快走死、烤死了，才得来这副完全的，我放下头骨，将手放在他肩上，给了他轻轻一吻。那一霎间，我们没有想到一切的缺乏，我们只想到再过一小时，就要成为结发夫妻，那种幸福的心情，使得两个人同时眼眶发热。

那一日，你们也想得好隆重。

你说：

我有许多好看的衣服，但是平日很少穿。我伸头去看了一下荷西，他穿了一件深蓝的衬衫，大胡子也修剪了一下。好，我也穿蓝色的。我找了一件淡蓝细麻布的长衣服。虽然不是新的，但是它自有一种朴实优雅的风味。鞋子仍是一双凉鞋，头发放下来，戴了一顶草编的阔边帽子，没有花，去厨房拿了一把香菜别在帽子上，没有用皮包，两手空空的。荷西打量了我一下："很好，田园风味，这么简单反而好看。"于是我们锁了门，就走进沙漠里去。

由我住的地方到小镇上快要四十分钟，没有车，只好走路去。漫漫的黄沙，无边而庞大的天空下，只有我们两个渺小的身影在走着，四周寂寥得很，沙漠，在这个时候真是美丽极了。

"你也许是第一个走路结婚的新娘。"荷西说。"我倒是想骑匹骆驼呼啸着奔到镇上去，你想那气势有多雄壮，可惜得很。"我感叹着不能骑骆驼。

世间之极悦，之最喜。
就是，他和你，
能够：

牵手旅行，
共结连理。

当你老了，两鬓斑白，睡意沉沉，
蜷坐在炉边，取下这本书来，
慢慢读起，追忆那当年的眼神，
神色柔和，倒影深深。

多少人曾爱慕你青春妩媚的身影，
爱过你的美貌出自假意或者情真，
而唯独一人爱你那朝圣者的心，
爱你日渐苍老的容颜。

你弯下腰，在灼热的炉边，
在浅浅忧伤中沉吟：爱情如何逝去，
在山峦的巅峰独行，
将他的面容隐没在繁星中间。

叶芝，《当你老了》。

老去的人生最是美丽。站在岁月尽头，目下是海，是日暮，是人影浮动。你要做的，就只是回忆。看前程过往里的那一些伤心欲绝、喜极而泣以及动魄惊心。只是可惜，亲爱的你，还没有来得及老成回忆，就已经沧桑得破碎支离。

在撒哈拉的沙色光阴，大概已是你今生不能颠覆的美好经历。彼时，荷西还在，爱情还在，朝阳还在，大漠还在，那些霍乱也都还在。那一份人力胜过天命的执着也还在。

你写：

我们正式结婚的时候，这个家，有一个书架，有一张桌子，在卧室空间架好了长排的挂衣柜，厨房有一个小茶几塞在炊事台下放油糖瓶，还有新的沙漠麻布的彩色条纹的窗帘——客人来了还是要坐在席子上，我们也没有买铁丝的床架。墙，还是空心砖的，没有糊上石粉，当然不能粉刷。

结婚后，公司答应给两万元的家具补助费，薪水加了七千多，税减了，房租津贴给六千五一个月，还给了我们半个月的婚假。我们因为在结婚证书上签了字，居然在经济上有很大的改善，我因此不再反传统了，结婚是有好处的。

我们的好友自愿代荷西的班，于是我们有一个整月完全是自己的时间。

　　于是，你们有了一个蜜月假期。

　　蜜月旅行前，他们请了当地的向导，租用了一辆吉普车。计划路线是：向西由马克贝斯进入阿尔及利亚，再开回西属撒哈拉。经由斯马拉进入毛里塔尼亚直到新内加边境，再行至西属沙漠地带下方的"维亚西纳略"，最后回到阿雍。

　　是在同甘共苦的人生体验当中，是在牵手旅行的感情培养当中，三毛对荷西的爱，方才一步一步深入，一点一点厚重起来的。蜜月旅行回来之后，他们的假期只剩下一周。一周的时间里，他们开始"疯狂地布置这间陋室"。

　　我用空心砖铺在房间的右排，上面用棺材外板放上，再买了两个厚海绵垫，一个竖放靠墙，一个贴着平放在板上，上面盖上跟窗帘一样的彩色条纹布，后面用线密密缝起来。

　　它，成了一个货真价实的长沙发，重重的色彩配上雪白的墙，分外的明朗美丽。桌子，我用白布铺上，上面放了母亲寄来给我的细竹帘卷。爱我的母亲，甚至寄了我要的中国棉纸糊的灯罩来。

陶土的茶具，我也收到了一份，爱友林复南寄来了大卷现代版书，平先生航空送了我大箱的皇冠丛书，父亲下班看到怪里怪气的海报，他也会买下来给我。姐姐向我进贡衣服，弟弟们最有意思，他们搞了一件和服似的浴衣来给荷西，穿上了像三船敏郎——我最欣赏的几个男演员之一。

等母亲的棉纸灯罩低低地挂着，林怀民那张黑底白字的"灵门舞集"四个龙飞凤舞的中国书法贴在墙上时，我们这个家，开始有了说不出的气氛和情调。

这样的家，才有了精益求精的心情。

但，有得必有失。

蜜月之后，荷西恢复工作，一如往常地辛苦忙碌。对荷西的日渐迷恋和依赖致使三毛在蜜月之后愈加孤单和苦闷。但人生就是如此。漫漫长路，途经之美与丑、善与恶、欢悦与寂寞，皆是各自参半，内有定数的。男女情爱含蕴之复杂更是如此。在这一段时间里，三毛将所有的情绪都寄托在了"厨房"。

深以为，做得一手好菜是极好的一件事。下厨烹饪而今也果真日渐成为居家修身养性的一个好途径。完成并做好这件事很是不容易，需要耐心、品味和一颗安宁静默的心。

三毛也说："做家庭主妇，第一便是下厨房。我一向对做家事十分痛恨，但对煮菜却是十分有兴趣，几个洋葱，几片肉，一炒，变出一个菜来，我很欣赏这种艺术。"

　　三毛早先下厨的经验都是做西餐西点。后来，母亲从台湾空运来一些中式家常菜的原料，譬如粉丝、紫菜、冬菇、生力面、猪肉干。女友从欧洲寄来酱油。如此一来，三毛便开始沉迷于自己的"中国饭店"，以慰寂寥。

　　虽然三毛并不深谙烹饪之道，但荷西倒是迷恋，对三毛的厨艺赞不绝口。三毛也有意展示厨艺，也因此为不时带同事回家吃饭的荷西赢得了许多友谊。甚至，荷西的老板也曾闻风而至，一顿饭吃得宾主尽欢。

　　关于三毛沙漠烹饪一事，她也曾专门撰写长文《中国饭店》来讲述这一段有趣往事。《中国饭店》发表于1974年10月6日的台湾《联合报》副刊上。是三毛停笔十年后的第一篇作品，后收入《撒哈拉沙漠》集子当中。出版时更名《沙漠中的饭店》。

　　也是到这个时候，她正式开始使用"三毛"这个笔名。使用"三毛"作为笔名的初衷，不过只是希望保有一份神秘。想着亲友读到文章却不知是出自自己的笔下，那一种隐秘的童趣令她欢喜不已。

在沙漠安居的时日，三毛除了写作，最热衷的便是旅行和烹饪。也是因着三毛的心之执着，后人方才有机会得以观见一个异族女子在一片黄沙荒漠当中的生活。

彼时，她又寂寞又快乐。

不要问我从哪里来，
我的故乡在远方，
为什么流浪，
流浪远方，流浪。

为了天空飞翔的小鸟，
为了山间轻流的小溪，
为了宽阔的草原，
流浪远方，流浪。

还有还有，
为了梦中的橄榄树，橄榄树，
不要问我从哪里来，
我的故乡在远方。

为什么流浪，
为什么流浪远方，

为了我梦中的橄榄树。

不要问我从哪里来，
我的故乡在远方，
为什么流浪，
流浪远方，流浪。

多年以后，一首《橄榄树》。
唱出了，你大漠生活里所有孤独的企图。

记三毛沙漠生活二三事。

之一。

某日，在阿雍镇上的理发厅边上的垃圾小屋，三毛发现一个写有"泉"字标记的地方。顺着路走，三毛方才知道此处是一个深井澡堂。之于三毛而言，沙哈拉威女子沐浴也是极为新鲜的事情。于是，三毛花了四十元钱进入澡堂，为了亲见沙哈拉威女子沐浴之景观。

在沙漠里的审美观念，胖的女人才是美，所以一般女人想尽方法让自己发胖。平日女人出门，除了长裙之外，还用大块的布将自己的身体、头脸缠得个密不透风。有时髦些的，再给自己加上一副太阳眼镜，那就完全看不清她们的真面目了。

我习惯了看木乃伊似包裹着的女人，现在突然看见她们全裸的身体是那么胖大，实在令人触目惊心，真是浴场现形，比较之下，我好似一根长在大胖乳牛身边的细狗尾巴草，黯然失色。

三毛为此特地撰写了文章：《沙漠观浴记》。

每一个女人都在用一片小石头蘸水刮身。场面令三毛震惊。因沙漠缺水的缘故，即便是女子也很少洗澡。在澡堂，可以看见女人身上的污垢会融汇成一条一条的黑色泥浆从身体流下。要刮得全身污垢松软之后方才用清水冲洗干净。

澡堂的老板娘知道三毛花钱主要是为了看沙漠女子沐浴，便指点三毛到勃哈多海湾的"哈伊麻"（是帐篷的意思），看沙哈拉威女子洗"里面"。三毛听后心生强烈的好奇，便央求荷西陪伴自己一同前去。

从阿雍镇到大西洋海岸来回大约四百公里。但西属撒哈拉海岸将近一千里的沿岸遍寻不见沙滩。直至荷西发现一个断岩边上的半圆海湾，方才看到湾内沙滩之上搭起了无数白色帐篷。男人、女人、孩童走动其间，自称趣致。二人看过去，仿佛彼处是桃花源境。十分惊喜。

荷西从车内找出麻绳往下，沿着麻绳从断崖处下到海滩边的岩石旁，果然窥见有一处洗澡的地方。不久，便见三五个沙哈拉威女子各自提了一桶桶海水倒入一个罐子当中，罐底连接有一根皮带管。

只见女子躺下，将皮带管的另一端伸入下体。一桶接着一桶地灌水清洗。一天要清洗内部三次，连续要清洗七天。有女子清洗到第三罐水的时候，会开始大声地呻吟。清洗完毕之后，女子会爬起来蹲在沙滩上，排除体内的污水，并就地掩埋。

此情此景令荷西和三毛都大为震惊。也因此，三毛情不自禁发出笑声被人发现，两人见状落荒而逃。每每回想起来，三毛便觉奇异有趣。

之二。

三毛与荷西在沙漠居住的时间不短，与左邻右舍熟识之后，常会有人前来向三毛索要杂物。从刀叉餐具到灯泡衣物，每每都是有借无还，令三毛十分苦恼。虽然沙哈拉威人看过去很不整洁但其实并非都是穷苦之人。

三毛夫妇每每出门旅行，归来之后总会发现家的里外被"洗劫一空"。甚至，连三毛家的帐篷钉子都会被拔掉。而与三毛同住一街的沙哈拉威人多是有正当职业并享有政府补助的人，当中还会有许多人是将自家多余住房外租的租主。

甚至，还会有邻居家的小孩，包括房东的孩子，直接来到三毛家门口向三毛要钱。而每一个沙哈拉威人都很是骄傲，自尊心极强，所以，三毛不愿伤害他们，也因此，总是忍不住依然要将注定有去无回的东西"借"出去。

之三。

这个故事的女主角不是三毛，是一个"姑卡"的沙哈拉威少女。沙哈拉威女子对自己的年纪不敏感，多半都不知晓自己的具体年龄。初见姑卡时，三毛是从姑卡的父亲罕地的口中得知当时的姑卡是，十岁。却不想，半年之后，三毛得知，姑卡要出嫁了。

沙哈拉威女子出嫁年岁实在是年幼，但因着是当地风俗的缘故，三毛便也只能听一听，不好发表意见。令三毛惊讶的是，姑卡要出嫁的事情，她自己并不知道。还是姑卡母亲一再委托三毛转达。沙哈拉威人思想之闭塞落后令三毛惊讶。

也是在姑卡从三毛处得知自己将要出嫁的事情时，三毛第一次看到天真的少女脸上出现了一丝愁容，令人心生恻隐。庆幸的是，日后三毛有幸与姑卡的未婚夫阿布弟见过一面，此人高大，肤色并不黑，算很是英俊的。

结婚之前，姑卡依照礼数是要离家的。直到结婚那日方才由新郎接回。离家之前，姑卡的姨妈来到家中替姑卡梳妆打扮。姑卡的头发被放下来编成三十几条很细的小辫子，头顶上再装一个假发做的小堆，如同中国古时的宫女头一般。每一根小辫子上再编入彩色的珠子，头顶上也插满了发亮的假珠宝，脸上是不用化妆品的。

头发梳好后，姑卡的母亲便拿了新衣服来。等姑卡穿上那件打了许多褶的大白裙子后，上身就用黑布缠起来，本来已不清瘦的身材显得更是臃肿了。

婚礼当日，罕地的家有了些微改变，肮脏的草席没有了，山羊也被赶出门外，门口放好一只已被宰杀的骆驼，房间大厅当中铺了许多红色的阿拉伯地毯，屋角放了一面羊皮大鼓，看上去很是沧桑，大约是有一段历史的旧物了。

那一日，三毛也觉隆重。

三毛在为姑卡所作的《娃娃新娘》一文当中写道："黄昏了，太阳正落下地平线，辽阔的沙漠被染成一片血色的红。这时鼓声响了起来，它的声音响得很沉郁，很单调，传得很远，如果不是事先知道是婚礼，这种神秘的节奏实在有些恐怖。我一面穿毛衣一面往罕地家走去，同时幻想着，我正跑进天方夜谭的美丽故事中去。"

但后事并不美好。

沙哈拉威人的婚俗传统并且野蛮。仪式开始之前，会有黑人奴隶打鼓助兴，一边打鼓一边摇晃身体并不时发出尖叫声。一直持续到凌晨，婚礼方才开始。与常见的婚礼不同的是，依照风俗，婚礼开始之后，新郎与新娘需要互相厮打。在当地人心里，拼命捶打新郎的新娘才是好女子。

而之后的入洞房更是令人心怵。女子入洞房需大声哭叫，而一干亲友则会聚在门外等候，直到新郎与新娘圆房之后拿出血迹斑斑的白布走出洞房向众人展示之后，方算礼成。

三毛说："一声如哭泣似的叫声，然后就没有声息了。虽然风俗要她叫，但是那声音叫得那么的痛，那么的真，那么的无助而漫长，我静静地坐着，眼眶开始湿润起来。"

沙漠生活，令三毛铭心刻骨的事还有不少。譬如，哑奴。而这一切被三毛真实地还原笔端，令世人有了一个了解沙哈拉威人生活状态的通道。她是过客。满腔热忱抵达这一处，又一言不发地离开。将人生交付给了旅途，交付爱，交付未知的未来和不消散的期待。

不后悔。
不失落。

虽而今，业已成昨。

倾谈五｜爱到化身千百时

荒山之夜，
魑魅横行。

你是暗夜里独行的蔷薇，
身是贞洁，
心是坚决。

仿佛永不低头的，
撒哈拉日暑。

　　这个故事定是要独辟一节来写的。三毛也撰写了长文《荒山之夜》来描述。当中三毛和荷西历经的不单是攸关生死，亦是三毛热爱旅行，即便旅居沙漠，也常常搭便车出行。后来，荷西有了车。有车之后，出行自是便利许多。三毛也就出行得更加频繁。会常常在黄昏让荷西开车一起去看海市蜃楼，或者去远古瀚海寻觅化石与贝壳。

那一日，是荷西起了意。

想要去寻找乌龟化石和贝壳，便问了三毛的意思。她一听便立刻变得兴奋，是断然不会推却的。立刻起身奔上了车。二人走得很是匆忙，没有带多余的衣服、毯子、食物，也是因为想着当夜计划赶回家。只有三毛出门时顺手带出的挂在门旁的那个皮酒壶，当中尚有一公升红酒。

来回路程长达两百四十多公里，荷西爱车，长途开车跋涉也不觉劳苦。倒是三毛耐心略欠。抵达一百五十公里内唯一的群山时，三毛已开始疲倦。所谓群山亦不过是风积而成的沙堆，约百米高。但每一座沙堆形似，间隔一致，所以很容易令人迷失方向，也因此有了一个"迷宫山"的叫法。

穿过迷宫山，往东。大约半小时，车便驶入一片深咖啡红的低地，低地隐约有雾气。三毛想，这大约便是远古时期的河流所流经的地方。荷西下车欲一探究竟，不想却身陷泥沼。不过只有几秒的时间，湿泥便迅速没及荷西的膝盖，继而是腰身。十分危险。

三毛见状惊慌失措。

　　而车内，竟无衣物可将荷西拖曳回来。彼时，已是日暮，傍晚至深夜时分，沙漠气温会急速下降。三毛又无法丢下荷西，独自开车去寻找救援。多耗费一分钟的时间，荷西便就多了一分钟的生命危险。正此时，三毛见远方有车灯亮起，便急忙按着喇叭求救。

　　不久，车便驶近，是一辆吉普车。车上跳下三名沙哈拉威男子，姿态戒备地立在远处观望。三毛急忙跑去他们面前，指着荷西的方向，说明情况请求援助。却不想，三名男子有一人心生歹念，冷不丁便上前抱住了三毛，直摸三毛胸口。

　　荷西见状在那边当即崩溃，大叫要杀光这帮人。也是因着荷西的一声叫喊，三名男子分了神，三毛方才有机会脱身。直奔自己的白色汽车，立刻发动引擎向远处开跑。却不想，几人不依不饶竟开起吉普与三毛在大漠里追逐。

　　我一面开车，一面将四边车门都按下了锁，左手在坐垫背后摸索，荷西藏着的弹簧刀给我摸到了。

　　迷宫山来了，我毫不考虑地冲进去，一个沙堆来了，我绕过去，吉普车也跟上来，我疯狂地在这些沙堆里穿来穿去，吉普车有时落后一点，有时又正面撞过来，总之无论我怎么拼命乱开，总逃不掉它。

　　这时我想到，除非我熄了自己的车灯，吉普车总可以跟着我转，万一这样下去汽油用完了，我只有死路一条。

想到这儿，我发狠将油门拼命踏，绕过半片山，等吉普车还没有跟上来，我马上熄了灯，车子并没有减速，我将驾驶盘牢牢抓住，往左边来个紧急转弯，也就是不往前面逃，打一个转回到吉普车追来后面的沙堆去。

弧形的沙堆在夜间有一大片阴影，我将车子尽量靠着沙堆停下来，开了右边的门，从那里爬出去，离车子有一点距离，手里握着弹簧刀，这时我多么希望这辆车子是黑色的，或者咖啡色、墨绿色都可以，但是它偏偏是辆白色的。

我看见吉普车失去了我的方向，它在我前面不停地打着转找我，它没有想到我会躲起来，所以它绕了几圈又往前面加速追去。

我沿着沙地跑了几步，吉普车真的开走了，我不放心怕它开回来，又爬到沙堆顶上去张望，吉普车的灯光终于完全在远处消失了。

三毛在《荒山之夜》一文当中写到的脱身一节。摆脱了三名沙哈拉威男子之后，凭借素日在沙漠行走之经验，三毛顺利地折回了沼泽地。却因天色已黑，她一时竟未能寻到荷西的位置。彼时，荷西已奄奄一息，虽沼泽泥因受寒未再迅速淹没荷西的身体，但荷西却因寒冷变得极为虚弱。

三毛喊了荷西许久，方才听到荷西使尽气力勉强发出的微弱回应。找到荷西的具体方位之后，三毛急中生智，将车上的坐垫和备胎卸下，又将备胎拖至泥地之上。但依然不够，最后三毛只能独自用千斤顶卸下车的两个前胎。

虚弱如她。是这样一个瘦小的女子在寒夜大漠当中，身着单衣，做完了这所有的事。当三毛站在坐垫上，又压了三个车胎浮在沼泽地上，二人之间依然有一段难以触碰的距离。最后，三毛跑回车内脱下了身上的长袍，用刀割成了四根宽布条，将一把老虎钳捆绑在布条前端，丢至荷西的位置。

而此时，她已力竭。

最后，荷西使尽了最后的气力，是以求生的意志，将自己拉上了岸。荷西上岸之后，立刻便倒下了。但三毛此时尚有意识，强撑肉体上车取下了带出来的红酒。这是他们暖身自救的唯一一件东西。

喝过酒不久，两人方才觉得身体有了暖意。也依然是她一个人，独自将那些卸下救命的东西一一安装还原。而荷西实在倦极，恢复亦极缓慢。三毛说："仿佛过了一个世纪，他的脸还是有了些血色，眼睛睁开了一会儿又闭起来。"

而回家的路上，你们却一致说：

明日定要再来。

是好倔强。
又真勇敢的一双人。

霍乱时期的爱，
最是珍贵。

是沙漠之水，
是暗夜之星，

是破碎毁灭前的日照，
是生死不能忘却的，
一种，
两相依照的，

孤独。

1975年，夏末秋初，西属撒哈拉政局突变。彼时，三毛与荷西已在西属撒哈拉沙漠的阿雍小镇生活一年有余。西属撒哈拉动乱，从发生到结束，三毛与荷西亲历当中，目睹一切。人间深河，一踏足，便是痛苦。世间事，除了爱，唯有苦难是恒久的。

为了那些苦难，三毛写了《哭泣的骆驼》。

她说：

沙是一样的沙，天是一样的天，龙卷风是一样的龙卷风，在与世隔绝的世界的尽头，在这原始得一如天地洪荒的地方，联合国、海牙国际法庭、民族自决这些陌生的名词，在许多真正生活在此地的人的身上，都只如青烟似的淡薄而不真实罢了。我们也照样地生活着，心存观望的态度，总不相信，那些旁人说的谣言会有一天跟我们的命运和前途有什么特殊的关联。

西属撒哈拉顾名思义是西班牙的殖民地。这片为异国殖民的土地素来并不太平。纷争不断。本族人实是未曾忘却民族独立与复兴之计划，但内部纷争从未停歇，实力薄弱。彼时，西班牙国力衰退，摩洛哥又觊觎这一片非一日两日。

为了与西班牙争夺瓜分这片土地，摩西之战一触即发。也是因了第三国的参与，又一次激起了沙哈拉威人的民族大义。他们以巴西里为首，组织了游击队伍，不时突袭西班牙人，也开始向撒哈拉首府阿雍散播独立宣言。西班牙政府姿态低调，甚至发布声明同意沙哈拉威人民族自决。

但一切都并不容易。

阿雍小镇的气氛日益紧张。独立宣言的血字遍布阿雍小镇。不久。阿雍开始戒严，西班牙警察持枪把守，对路过的所有沙哈拉威人逐一搜身。而三毛作为西班牙人荷西的妻子也开始受到沙哈拉威人不公平的待遇。

甚至，邻舍的孩童开始唱起"游击队杀荷西，杀三毛"的童谣，这令三毛毛骨悚然。是未想过，只愿一生安好的自己，不过只是平凡女子，竟也莫名被卷入动乱。并且时刻有生命危险。实在是令三毛心痛。但三毛终究是避过了。

但那个叫作"沙伊达"的少女，却终成悲剧。

沙伊达，好美。也是因着一副出众的样貌，素日便遭受排挤。但三毛每每听到沙伊达遭受非议，必定出面帮衬阻止旁人。又因沙伊达是孤女，自幼在孤儿院长大，且又是天主教徒，使得沙伊达在沙哈拉威女子当中显得格格不入，十分异端。即便如此，沙伊达依然是极受男子喜欢。

镇上的人传说，父亲是富商但行为嚣张的阿吉比和青年警察奥菲鲁阿都甚是迷恋沙伊达，甚至传说两人还曾为沙伊达大打出手。阿吉比，三毛不甚了解。倒是奥菲鲁阿与荷西夫妇关系极好。也是因着奥菲鲁阿的缘故，三毛曾与沙伊达亲见。果真，沙伊达气韵，令三毛觉得很是惊艳。

她说：

灯光下，沙伊达的脸孔不知怎的散发着那么吓人的吸引力，她近乎象牙色的双颊上，衬着两个漆黑的深不见底的大眼睛，挺直的鼻子下面，是淡水色的一抹嘴唇，消瘦的线条，像一件无懈可击的塑像那么优美，目光无意识地转了一个角度，沉静的微笑着，就像一轮初升的明月，突然笼罩了一室的光华，众人不知不觉地失了神态，连我也在那一瞬间，被她的光芒震得呆住了。

一日。奥菲鲁阿拜托荷西夫妇开车带他去沙漠见家人。起初，三毛不解。而今情势极为紧张，在此时去往大漠显然不是好的时机。但奥菲鲁阿一再请求，荷西夫妇也便不好推托，便陪同奥菲鲁阿一同前往。一行人驱车前往两百多公里外的大漠。

奥菲鲁阿一家人很是和蔼，三毛见状才放下心来。不久，来了一辆吉普车，下来五名身着宽袍的男子。待男子纷纷脱去宽袍，三毛才看见，内里穿着游击队的制服。三毛见状心惊，以为被奥菲鲁阿出卖。后才知晓，游击队员都是奥菲鲁阿的亲人，是几位哥哥。

彼时，三毛只觉当中的二哥器宇不凡。却不想，他便是游击队领袖巴西里。而之前遭人非议的美丽女子沙伊达则是巴西里七年以来的唯一妻子。顿时，三毛恍然。流言自破。临行之前，巴西里忽然上前与三毛握手，感谢平日里三毛对沙伊达的照顾。

事后回想起游击队领袖与自己握手的刹那，总是感触复杂。是在这样一个动乱的时期里，她竟有幸窃来这样一个私密又意味深长的片刻宁静。且是与巴西里一起，令三毛感慨良多。

沙伊达是天主教徒，巴西里的父亲并不认同他们的关系。巴西里自身也十分惧怕沙伊达身份暴露会被挟持来要挟游击队。因此，二人的关系，以及他们所生的子女，都变成秘密。

不久，联合国调停小组抵达阿雍。而后，飞往摩洛哥。因摩洛哥高调叫嚣，有一段时间，沙哈拉威人和西班牙人相处也算融洽。是年，10月17日，海牙国际法庭裁决，西属撒哈拉享有民族自决权利。缠讼多年的西属撒哈拉主权问题因此终于有了定论。

却不想，当晚摩洛哥国王便招募志愿兵"和平进军"撒哈拉。但西班牙政府后知后觉。10月21日，西班牙政府终于开始疏散在撒哈拉的妇女儿童。连同安葬此地的阵亡将士的尸骨。西班牙大撤退，瞬间改变了阿雍小镇的景象。

荷西也开始托人替三毛购买机票。想要三毛提前飞离撒哈拉。而荷西自己也随即回到磷矿参与公司的战时总动员，配合军队撤离重要物资。彼时，巴西里与沙伊达想要投奔三毛，但三毛的房东已经倒戈投奔摩洛哥，收留他们二人，并不是明智之举。

后来，巴西里提前安排自己的孩子与嬷嬷离开，委托三毛照顾沙伊达。巴西里走后，沙伊达在三毛家中留宿了一晚。但次日，沙伊达为见子女最后一面赶往约定的医院。不过几个小时的时间，三毛便听闻到了巴西里的死讯。

当三毛闻风赶往医院想要接应沙伊达时，沙伊达已被暴民带走。三毛眼睁睁看着沙伊达被暴民们公然施暴。落笔此处，心中极痛。《哭泣的骆驼》一文，与其说是三毛写给那个时代的，不如说是三毛献给沙伊达的。

———

她仰着头，闭着眼睛，咬着牙，一动也不动，这时阿吉比用哈萨尼亚语高叫起来，人群里又一阵骚乱，我听不懂，抓住了一个旁边的男人死命地问他，他摇摇头，不肯翻译，我又挤过去问一个女孩子，她语不成声地说："要强暴她再死，阿吉比说，要强暴她，她是天主教，干了她不犯罪的。""哎！天哪！天哪！让我过去，让路，我要过去。"我死命地推着前面的人，那几步路竟似一世纪的长，好似永远也挤不到了。

我跳起来看沙伊达，仍是阿吉比他们七八个人在撕她的裙子，沙伊达要跑，几个人扑了上去，用力一拉，她的裙子也掉了，她近乎全裸的身体在沙地上打着滚，几个人跳上去捉住了她的手和脚硬按下去，拉开来，这时沙伊达惨叫的哭声像野兽似的传来……啊……不……不……啊……啊……

我要叫，叫不出来，要哭哽不成声，要看，不忍心，要不看，眼睛又直直地对着沙伊达动都不能动……不要……啊……不要……我听见自己的声音哑不成声地在嚷着……这时我觉得身后有人像一只豹子似的扑进来，扑过人群，拉开一个一个人，像一道闪电似的扑进了场子里，他拉开了压在沙伊达身上的人，拖了沙伊达的头发向身后没有人的屠宰场高地退，鲁阿，拿着一支手枪，人疯了似的。吐着白沫，他拿枪比着要扑上去抢的人群，那七八个浪荡子亮出了刀。人群又同时惊呼起来，开始向外逃，我拼命往里面挤，却被人推着向后跟跄地退着，我睁大着眼睛，望见鲁阿四周都是围着要上的人，他一手拉着地上的沙伊达，一面机警得像豹似的眼露凶光用手跟着逼向他的人晃动着手枪，这时绕到他身后的一个跳起来扑向他，他放了一枪，其他的人乘机扑上来——"杀我，杀我，鲁阿……杀啊……"沙伊达狂叫起来，不停地叫着。我惊恐得噎着气哭了出来，又听见响了好几枪，人们惊叫推挤奔逃，我跌了下去，被人踩着，四周一会儿突然空旷了，安静了，我翻身坐起来，看见阿吉比他们匆匆扶了一个人在上车，地上两具尸体，鲁阿睁着眼睛死在那里，沙伊达趴着，鲁阿死的姿势，好似正在向沙伊达爬过去，要用他的身体去覆盖她。

我蹲在远远的沙地上，不停地发着抖，发着抖，四周暗得快看不清他们了。风，突然没有了声音，我渐渐地什么也看不见，只听见屠宰房里骆驼嘶叫的悲鸣越来越响，越来越高，整个的天空，渐渐充满了骆驼们哭泣着的巨大的回声，像雷鸣似的向我罩下来。

骆驼在哭泣。
撒哈拉被绝望血洗。

而那旧日的天与地。
是一场日月颠倒的葬礼。

最终，三毛离开了撒哈拉。
她是最后撤走的四名外籍女子之一。

23 | 别离

身在岛屿。

心在大漠。

是小别。

似永诀。

　　撒哈拉事变之后，荷西让三毛独自飞往临近沙漠的大加那利岛等候自己。等待之艰之难是外人不可知的。唯有亲历，方才明晓个中煎熬。在等候丈夫的时间当中，分秒皆似永年，令三毛至焦虑憔悴不能食不能寐的地步。

　　每一日，她都要抽掉三包烟。

　　彼时的阿雍非同往日。人人自危的情形之下，荷西单枪匹马想要安全无虞地登机离开犹如天方夜谭。荷西只能独自逃离至海边，露宿几日，等待救援。但等到的一艘军舰却不肯带走荷西。是命运，恰逢一条船卡住，非潜水人员无法开动，荷西的潜水特长在关键时刻救了自己一命。令他欣慰。

三毛对荷西能否安全离开毫无把握。孤自漫长的等待令三毛憔悴欲碎。而当荷西似"奇迹"一般出现在三毛眼前之时，他们抱头痛哭。一场小别，仿若永诀。三毛想，这一下，她再也不要与他分离，一分一秒都不可以。

她在1975年11月1日写给父母的家书里写道：

先向你们报告好消息，荷西今天下午五点已经与我再度会合，我22日离开撒哈拉，荷西今天在最最危险，几乎是不可能的情形下，坐军舰离开，我十日无食无睡的焦虑完全放下。这十日来，完全没有荷西的消息，我打了快二十个电话，接不进沙漠，没有信。我去机场等，等不到人，我向每一个下飞机的人问荷西的下落，无人知道，我打电报，无回音，我人近乎疯掉。

结果今天下午他来了，爹爹，姆妈，你们的女婿是世界上最最了不起的青年，他不但人来了，车来了，连我的鸟、花、筷子、书、你们的信（我存了一大箱）、刀、叉、碗、抹布、洗发水、药、皮包、瓶子、电视、照片，连骆驼头骨、化石、肉松、海苔、冬菇，全部运出来，我连一条床单都没有损失，家具他居然卖得掉，卖一万二千元。

荷西抵达大加那利岛时已是当日的下午五时。六时便已在海边租好了一幢面海的洋房。有大客厅、一间卧房、一间客房、一间浴室。家居用品也十分齐全。并且，当地物价低廉，三毛与荷西在此处生活得十分轻松愉快。

荷西与我离开了撒哈拉沙漠之后，就搬到了近西北非在大西洋海中的西属加那利群岛暂时安居下来。

在我们租下新家的这个沿海的社区里，住着大约一百多户人家。这儿大半是白色的平房，沿着山坡往一个平静的小海湾里建筑下去。

虽说它是西班牙的属地，我们住的地方却完完全全是北欧人来度假、退休、居留的一块乐土，西班牙人反倒不多见。

这儿终年不雨，阳光普照，四季如春。尤其是我们选择的海湾，往往散步两三小时也碰不到一个人影。海滩就在家的下面，除了偶尔有一两个步履蹒跚的老人拖着狗在晒太阳之外，这一片地方安详得近乎荒凉。望着一排排美丽的洋房和番茄田，我常常不相信这儿有那么多活着的人住着。

加那利群岛，隶属西班牙。位于非洲西北部的大西洋上。群岛分为东、西两个岛群。由大加那利岛、特内里费岛、拉帕尔马岛、戈梅拉岛、耶罗岛、兰萨罗特岛、富埃特文图拉岛等七座岛屿与若干小岛组成。形似金字塔的特内里费岛是当中最大的一座岛屿。

荷西来到大加那利岛后，面对因动乱失去工作的现实问题，不得不开始接手新的工作。因此，与三毛一起小住一阵之后，便又恢复了忙碌的状态，且只有每周末才能飞回家里陪伴爱妻。与荷西的一再分别，令三毛心中极是痛楚。

是在又一个孤寂傍晚，三毛散步归家的途中，神情恍惚，出了车祸。原本即身患妇疾的三毛时常会下身出血。车祸之后，情况愈加恶劣，医治的事也实在拖延不得。荷西不能常伴左右，三毛便决定，趁此时机，返回台北治病。有父母在侧，一切苦痛皆有出口。

次年，三毛返台。

此次返台较之那一年三毛留学归来，更受礼遇。彼时的三毛是崭新的。深棕肤色，粗亮长发，一身波希米亚长裙，又有幸福婚姻润泽，她看过去，是那样风情万种，又是那样脱俗妙丽。三毛的文艺气质仿佛是与生俱来的，是从骨子里渗透出来的，见者欢喜。

曾采访过三毛的作家心岱说："她的大眼睛和黑发是属于吉卜赛

女郎才有的喜乐和奔放，我仿佛听到吉他的乐声从她嘴里唱出来，露出两排参差不齐，充满顽童的无邪、精灵的牙齿。"

这一次返台，除了医治自己的妇疾，三毛也参加了许多文艺活动。譬如，余光中发起的以"现代诗与音乐结婚"为主题的民歌运动。余光中为此活动特地写了《乡愁四韵》，三毛也写出了传世之作《橄榄树》和《一条日光大道》等。

参加这个创作活动的还有叶维廉、郑愁予等诗人。作品由古典音乐作曲家李泰祥谱曲。虽然活动极具文化意义，但因为未能寻到机会做商业性的传播，使得当中的许多作品并未能够广为人知。直到两年之后，三毛的《橄榄树》被选为电影《欢颜》的主题曲，方才变得家喻户晓。

因着《橄榄树》的知名度，三毛也名噪一时。1985年，齐豫、潘越云和三毛与滚石唱片合作，共同发表了音乐作品《回声》。唱片封面上，三女子皆身着宽大衣衫，戴民族风的项链与大耳环，也因此使得波希米亚风风行一时。

在三毛的妇疾医治完好之后，三毛返回了大加那利岛。

而70年代的台北，是属于三毛的。

属于《橄榄树》。

属于流浪。

属于波希米亚。

属于她。

当你心中满是荒凉。

人间便似绝望刑场。

回到大加那利岛，三毛与荷西的日子过得并不轻松。荷西工作不顺利，三毛的稿酬到底也是有限的。后来，荷西尝试与朋友合伙承包工程来做，但未能成功，结果入不敷出。以至于那一段时间三毛与荷西缩衣节食，生活很是拮据。

1977年年初。荷西谋到一份新的差事。去尼日利亚为德国一家小规模的潜水工程公司在港口打捞沉船。每日需要工作十六小时，荷西一共工作了八个月。但最后，因雇主无良，荷西只拿到了三个月的薪水。之于荷西而言，这是一段十分失败的工作经历。

但三毛心宽，对一些艰苦都极坦然。

是年冬天，情形有所好转。荷西与三毛迁居至特内里费岛十字港。荷西受雇参加修建人造海滩的工程，收入良好。二人的生活也终于恢复至一个宽裕平稳的状态。

人造海滩的修建工程历时一年。一年之后，三毛与荷西重返大加那利岛。离行之前，他们并肩坐在完工的大堤边，看那澄蓝的静默的海。彼时，时近新年。他们心里都各自怀揣着来年心愿，却又总都是相似的。比如，爱永久。

岛上的日子岁月悠长，我们看不到外地的报纸，本岛的那份又编得有若乡情。久而久之，世外的消息对我们已不很重要，只是守着海，守着家，守着彼此。每听见荷西下工回来时那急促的脚步声上楼，我的心便是欢喜。

六年了，回家时的他，怎么仍是一样跑着来的，不能慢慢地走吗？六年一瞬，结婚好似是昨天的事情，而两人已共过了多少悲欢岁月。

若得真情，哀矜勿喜。这样静默无言的岁月是真真安好。彼时，你好希望，日子是可以这样如水安宁地一直过，过下去，直到老去，直到死。是时，你们已在一起，六年。

是分开六年之后又在一起了六年。

为了纪念二人结婚六周年，荷西送给了三毛一块老式女表。是用加班费买的。荷西虽并不富裕，但他舍得倾其所有，让三毛快乐。即便那"所有"并不多。荷西说："以后的一分一秒你都不能忘掉我，让它来替你数。"她的粗犷的"大胡子"竟也有这样好柔情好浪漫的时刻，实在令三毛感动。

后来，三毛的父母来欧洲旅行。便绕道西班牙看望他们夫妇。三毛是好开心的。陪父母在西班牙度过了十六日，方才回到大加那利岛。是荷西来接机的。在与三毛父母见面之前，荷西心情紧张，很是忐忑。

在这之前，三毛一直鼓励荷西用英文与父母交谈。也因此，不通英语的荷西也在一直苦练英语。却不想，见面那一刻，荷西竟忽然用中国话喊出了一句："爸爸！妈妈！"两个词语一句话。之于三毛而言，这就是荷西对她深重又深重的爱吧。

一个月后，荷西向三毛提议，说想要一个孩子。但三毛婉拒了荷西。三毛只是觉得时机未到，未有准备。一来自己身体不好，二来经济状况尚不适合，三来她是一个那样热爱自由的女子，相夫已是不易，教子大约还是无能为力。但三毛不知，不久之后，纵是她百般情愿，也是再没有机会与荷西共同孕育生养一个孩子了。

所谓人生，就是这样。

不断的错过、悔恨与短暂的欢悦快乐交织并行，却不知何时来何时去、何时聚何时散、何时心怀朝阳何时月小迟暮。也不知，那人，与自己，何时老去、何时死。

后来，三毛陪同父母又辗转去伦敦旅行。荷西送行的时候与岳父岳母约定来年必定去台湾看望二老。只是时间允诺，可被实现的，总是寥寥。不是人心叵测，便是天命难违。在飞机上，三毛身旁的太太问三毛机场下面那个越过花丛向三毛挥手告别的男子，可是她的丈夫。三毛说，是。

竟不想，女子是丧父孀居的寂寞人。说此行是去伦敦看望儿子，说时递来一张自己的名片。三毛只见名片上书有，她是谁谁的"未亡人"。未亡人，真是令人痛极又绝望的三个字。三毛是那样害怕面对这三个字，仿佛字字皆是阴霾，仿佛字字皆有一股黑暗力量，要向她袭来。她忽然，变得好害怕。

怕有一日，自己也沦落至此。

两日后。1979年，9月30日。中秋团圆节的第二日。在伦敦，凌晨一点半，房门被敲响。是有多久，她没有再历经这样的夜班惊扰了。她不知，但此刻，她慌张极了。她又实在不知道是何缘故，但一定，一定是不好，是很不好的事情发生了。

是，荷西死了。

荷西因公潜水时发生意外，溺毙身亡。

彼时，亲爱的荷西，你还不到三十岁。

平凡的夫妇如我们，想起生死，仍是一片茫茫，失去了另一个的日子，将是什么样的岁月？我不能先走，荷西失了我要痛疯掉的。……那一年，我们没有过完秋天。

荷西，我回来了，几个月前一袭黑衣离去，而今穿着彩衣回来，你看了欢喜吗？向你告别的时候，阳光正烈，寂寂的墓园里，只有蝉鸣的声音。

我坐在地上，在你永眠的身边，双手环住我们的十字架。我的手指，一遍又一遍轻轻滑过你的名字——荷西·马利安·葛罗。我一次又一次地爱抚你，就似每一次轻轻摸着你的头发一般的依恋和温柔。

我在心里对你说——荷西，我爱你，我爱你，我爱你——这一句让你等了十三年的话，让我用残生的岁月悄悄地只讲给你一个人听吧！我亲吻着你的名字，一次，一次，又一次，虽然口中一直叫着"荷西安息！荷西安息！"可是我的双臂，不肯放下你。我又对你说："荷西，你乖乖地睡，我去一趟中国就回来陪你，不要悲伤，你只是睡了！"

结婚以前，我们在塞哥维亚的雪地里，已经换过了心。你带去的那颗是我的，我身上的，是你的。埋下去的，是你，也是我。走了的，是我们。

我拿出缝好的小白布口袋来，黑丝带里，系进了一握你坟上的黄土。跟我走吧，我爱的人！跟着我是否才叫真正安息呢？我替你再度整理了一下满瓶的鲜花，血也似的深红的玫瑰。留给你，过几日也是枯残，而我，要回中国去了，荷西，这是怎么回事，一瞬间花落人亡，荷西，为什么不告诉我，这不是真的，一切只是一场噩梦。

离去的时刻到了，我几度想放开你，又几次紧紧抱住你的名字不能放手。黄土下的你寂寞，而我，也是孤零零，为什么不能也躺在你的身边。

父母在山下巴巴地等待着我。荷西，我现在不能做什么，只有你晓得，你妻子的心，是埋在什么地方。

你写得令人极痛。生死两茫茫，不思量，自难忘。是莫名地就这样发生了。昨日还见他在日光下，笑靥如花。今日，就要永生永生地相诀。再不复见。再不复见。是生生就被逼至绝境，要与你天人永隔。死亡是什么？是再也不能，躺在他的怀里，看月落沧海。是再也不能，回首见你说今生今世这样的话。

　　荷西去世之后，三毛将他葬在岛上从前与他常来散步的墓园里。
"过去，每当我们散步在这个新来离岛上的高岗时，总喜欢俯视着那
方方的纯白的厚墙，看看墓园中特有的丝杉，还有那一扇古老的镶花
大铁门。"你说，不知为什么，你总是不厌倦地怅望着那一片被围起
来的寂寂的土地，好似乡愁般的依恋着它。

　　是因为他而今住在了里面吗？
　　你不知道。

　　令你心裂的是，他已不在，你却因着这永诀要做完许多的事。去
办理荷西入葬的琐碎程序，去葬仪社结账，去看法医的解剖结果，
去海防司令部填写资料，去法院申请死亡证明，去市政府请求墓地样
式，去立碑，去告别。

　　三毛父母也因此中断了旅行，陪同三毛度过了她这一生最艰难的
时期。后来，三毛以《背影》为题，写下了这个故事。三毛有时会
想，荷西连死都这样顾全着她。是在她双亲在侧并不孤寂的时分离开
了她。也因此，三毛觉得对于父母有一份一生一世都难以偿还的情。

　　而荷西的墓碑上，你只刻写了最简单的几个字：

荷西·马利安·葛罗——安息，

你的妻子纪念你。

三毛名篇《梦里花落知多少》最后是这样写的：

在那个炎热的午后，花叶里，一个着彩衣的女人，一遍又一遍地漆着十字架，漆着四周的木栅。没有泪，她只是在做一个妻子的事情——照顾丈夫。

不要去想五年后的情景，在我的心里，荷西，你永远是活着的，一遍又一遍地跑着回家，跑回家来看望你的妻。

我靠在树下等油漆干透，然后再要涂一次，再等它干，再涂一次，涂出一个新的十字架，我们再一起捆它吧！

我渴了，倦了，也困了。荷西，那么让我靠在你身边。再没有眼泪，再没有恸哭，我只是要靠着你，一如过去的年年月月。

我慢慢地睡了过去，双手挂在你的脖子上。远方有什么人在轻轻地唱歌——

记得当时年纪小，

你爱谈天，我爱笑。

有一回并肩坐在桃树下，
风在林梢鸟儿在叫。
我们不知怎样睡着了，
梦里花落知多少。

梦里，花落，知多少。

此生能够遇见你，一生无憾，死也瞑目。

爱有时，
无爱有时。

花开有时，
花落亦有时。

与他相识，三生有幸。
与他相爱，三生有情。

与他相离，是为了又一个，
三生三世的重新约定。

于是，你带着爱，过完了生命里最后的几年。

你要去旅行，你要停下来，好好看看这世界。

1981年，三毛离开大加那利岛，回到台北定居。回到台北之后，
三毛一心工作，生活态度变得积极。但朗朗日光之下，并不总是真
相。内心云雨，唯有自知，不足为外人道。

是年年底。三毛接受《联合报》赞助，与摄影师米夏去往中南美洲旅行长达半年之久。游走了十余个国家。也因这趟旅行，三毛完成了她回台之后的第一部作品《万水千山走遍》。并陆续开始接受各大报刊采访，也开始接受邀请，开始举办讲座。

盛名之下，心里身外压力剧增。

而荣耀与劳碌并未能减轻三毛的丧夫之痛分毫。三毛甚至一度借"通灵之说"祈望与荷西进行沟通。台北《中时晚报》当年在三毛去世之后也曾刊发过关于此事的报道：

作家三毛自丈夫过世，一直到她看透世俗自杀为止，因思夫心切，经常沉溺于通灵之中，从碟仙、笔仙，一直玩到游地府、观落阴。……陆达成（辅仁大学宗教系主任、神父）回忆说："……耕薪青年写作会马叔礼问我讲完课后要不要和他一起去看三毛玩碟仙。……平时碟仙一请就来，但当时却一直请不来。请了十五分钟之后，我想是不是因为我（神父）在，所以影响了亡者的自由；于是我心里祈祷通灵能够成功。不久后，真的就动了。"

但三毛公私分明，总是竭力避免因个人情绪影响工作。在外的演讲依然是妙语连珠。所谓才华，大约就是这样的，苦难绝望亦不能湮没。三毛的演讲极受欢迎。甚至连广播节目都会全程播出她的演讲内容。也因此，三毛的工作量剧增。

彼时，三毛挚友杨淑惠的过世，对三毛而言，亦是重重的一个打击。多重压力之下，三毛的精神状态一度濒临崩溃。甚至严重到有医师诊断三毛已患有轻度的精神疾病。出院之后，三毛也曾远赴美国疗养过一段时间。

荷西去世后的六年时间，三毛将自己献给了读者和公众。做好"大家的三毛"成为她生活的全部内容。是以成为助她度过分秒熬煮的唯一途径。而最令三毛心痛的，是外界强加于她的谣言。

有人造谣说三毛非是丧偶，荷西未死，只是与三毛因感情不和离婚。这对于三毛而言，是莫大的羞辱和讽刺。只是，谣言未曾止于智者，终究是传到了三毛的耳中。

后来，三毛的父亲陈嗣庆在三毛去世的当天接受《联合报》采访时论及此事愤怒不已。陈嗣庆说："这种谣言是胡闹！三毛曾经说，如果有新闻界乱发布这种消息，她一定与对方争到底。三毛有荷西的死亡证明，西班牙政府也曾给她一些微薄的抚恤金，荷西的葬礼，我和陈妈妈还亲自参加，亲眼看到他入殓、下葬。这种传言简直是胡说！"

据社会心理学家统计，丧偶之痛的心理创伤疗愈期，需要四到六年。而三毛是真真熬煮了六年，方才心痛减缓，恢复了一些生气。

1989年，三毛重新踏上旅程。

三毛此次旅行，是在大陆地区。之于三毛而言，儿时记忆虽单薄，但南京城依然记得。情结依然在。爱依然在。最令三毛惊喜的是，她终于如愿以偿，在上海见到了"漫画三毛之父"张乐平先生。圆了自己儿时的凤愿。前一年，台湾开放大陆探亲始，三毛便曾与张乐平先生通信，并认了张乐平作义父。

之后，三毛随堂兄同返乡下祭祖，并且拾了一捧祖父坟上的土，又在陈家舟山群岛老宅的井里打上来一瓶水，带回了台北，以作纪念。是这样热爱根之所在的女子，势必总是意重情深的。

1990年，4月，三毛重返大陆旅行。

但好事多磨。临行之前，导演严浩与林青霞、秦汉出面邀请三毛写电影剧本。当夜，三毛兴致很好，竟不想喝得极酣畅，渐入醉意。回家上楼之时，一个不留神，重重摔下。肋骨摔断，负了伤。也因此，旅行计划被迫推迟了一段时日。

也是在病床之上。三毛创作完成了《滚滚红尘》的电影剧本。"醉笑陪君三万场，不诉离伤。禅心已失人间爱，又何曾梦觉。"三毛在《滚滚红尘》的剧本上倾尽了心血，三毛说："我之选择了以另一种文字形式来创作，主要动力仍出自我对电影一生一世的挚爱。"也是为了跟随剧组拍摄，三毛带着伤，远赴大陆东北。也是借此机会，三毛开始了自己第二次的大陆之行。

除了电影的拍摄成功，三毛此次旅行的最大收获是沿丝绸之路西行至新疆，遇见了崇敬已久的音乐家，王洛宾。而三毛在新疆的经历，日后竟成为一段谜。因在新疆的时间里，三毛曾一度失踪，与台北的家人失去了联络。直至家人登报寻人而三毛又恰巧离开新疆抵达四川之时，方才与家人取得联系，报了平安。

是年，9 月，你来到成都。

这一处，没有鲜衣怒马之热烈，只有陌上花开之闲静。不聒噪，不华丽，不轻浮。有的只是，光阴味道，流年气息。一块一块的青石板，渗透出的是巴蜀风情之清好妙丽。是好难得的，她远离喧嚣，得了片刻素朴寂静，享了几日人间烟火。

时光匆匆，廊桥遗梦。
情来情往，爱似洪钟。

这个夏天，她在成都。

倾谈六 ｜ **爱到来生聚首时**

往事不记。

身在情常在，随处惹尘埃。

只是提及你，王洛宾，这个老人的名字总是无法被回避。你与他之间的细节和点滴，外人不晓得，只有你与他知。三毛与王洛宾似真似幻的"忘年恋"至今仍是被人津津乐道。

在那遥远的地方，
有位好姑娘。
人们走过了她的帐房，
都要回头留恋地张望。

她那粉红的笑脸，

好像红太阳。
她那美丽动人的眼睛，
好像晚上明媚的月光。

我愿做一只小羊，
跟在她身旁。
每天看着她动人的眼睛，
和那美丽金边的衣裳。

我愿抛弃了财产，
跟她去放羊。
我愿她拿着细细的皮鞭，
不断轻轻打在我身上。
我愿她拿着细细的皮鞭，
不断轻轻打在我身上。

　　王洛宾的一首《在那遥远的地方》家喻户晓。他似吟游诗人，其才情常人不能相媲美。王洛宾一生坎坷，晚景孤寂。他与三毛，都属于那一群孤独的人。许是命运之关照，终让你们有了联系，甚至有了牵挂。

　　1989年，香港女作家夏婕在新疆下放时期，曾与音乐家王洛宾相处过不短的一段时日。王洛宾命途多舛，一生都不顺遂。但晚景孤凉的他仍旧不曾放弃自己对音乐的信仰，坚持采集歌谣。每日黄昏，总会面对已故的夫人遗像，弹上一首曲子，以慰相思。

三毛好友、著名作家司马中原与夏婕熟识，从夏婕处听来此事备感动容，于是，转述给了三毛。仿佛是一种源自前生之挂怀，三毛听到这个故事，哭红了双眼。三毛说："这个老人太凄凉太可爱了，我要写信安慰他，我恨不得立刻飞到新疆去看望他。"

三毛这么想着，也就这么做了。

司马中原与三毛交好，三毛去世之后他发表了一篇题为《三毛的生与死——兼谈她的精神世界》的文章，当中谈到了三毛与王洛宾的事情。司马中原坚持认为三毛与王洛宾之间并无情爱瓜葛。他在文中说，三毛生前曾向几位好友透露自己在新疆与王洛宾相处得并不愉快。

她是在深秋飞去大陆的，原先预定要去四五个月，但因种种因素，不到原定时间的一半，在圣诞节前就飞回来了，她一回来就打电话给我，开口就说："我这次去看王洛宾，他并不像你所说的那样，我去他家，一屋子媒体人物和当地干部，我有种被耍的感觉，我原本只是想和他单独聊聊的。"

三毛是作家，作家天性敏感，注重细节。亦总会心存天真和幻想。往事那么厚重，那么刺痛，她总是会有几分不忍，将自己的一颗心撕扯开来示于世人。最亲最近的，亦不能知晓她的那一颗心。与王洛宾之间的爱或不爱，原本就是与世人不相干的事。

无奈世人鲁莽，时时逼迫她，想要掏空她。

三毛与王洛宾的故事流传的版本甚多。

当中以笔名为"七等生"的台湾作家发表的一篇题为《两种文体——阿平之死》最惹人注目，最耐人寻味。当中故事，与三毛生平不谋而合。而主人公作家"阿平"总被人联想为本名陈平的女作家三毛。

文章当中有这样的内容：

在金马奖之前，阿平因为赴大陆新疆遭到一次身心的重创，回来以后她投入金马奖活动的应酬，试图忘记她在大陆所发生的事情：

阿平9月底从大陆一回来，到10月初才和他联络，在电话里，阿平透露出她这次在大陆的不幸遭遇，她说某某地方的那个老头把她锁禁起来，不给她饭吃，也不给她水喝，一直逼迫她把钱拿出来，她说她没有钱，只有一些旅费，那老头不相信，说她财产起码有一亿。她求他给她水喝，那老头说不给钱就什么也不给，她求他放她走，那老头说你来了就别想飞出去。她渴得受不住，开始肾发炎，关了几天就昏厥过去。她被送去医院，救活了，她趁机逃走，飞到四川来。在四川病情严重了，电话到台湾，让姐姐去看她，但姐姐来得慢，到四川时，她的病已好了，向姐姐要了一千美金，姐姐还怪她是骗她的。阿平对她说了以上的事，说她一生再也不会去大陆，热情已经完全消退了，但是现在她要暂时忘掉这个梦魇，她要去香港看片，看那部她写的电影，这部片已经参加了金马奖，十几项提名，她要去参加这一切的应酬活动。

这一种说法，若是强加于三毛身上，则有明显诋毁王洛宾的嫌疑。因为可备一说，却不足为信。纵使事件背景和前后原委与三毛经历大体相符。

1990年。12月，王洛宾收到三毛从台湾寄来的信，却不曾料到，那封信竟是三毛的绝笔之书。听闻三毛的死讯之后，王洛宾悲痛不已，甚曾因此不顾年迈老弱的身体，饮酒至醉。但也就是这样了。他们二人能在人海当中，相识，又相知，已是难得。

不能考证的无甚意义，可考的也未必与真相不差分毫。既如此，且当传说是传说，故事是故事，旁的男欢女爱，实在也不是那么重要。三毛离开之后，王洛宾为她作了一首诗。《等待——寄给死者的恋歌》。诗是这样写的：

你曾在橄榄树下等待再等待，
我却在遥远的地方徘徊再徘徊，

人生本是一场迷藏的梦，
请莫对我责怪。

为把遗憾续回来，
我也去等待，
每当月圆时，
对着那橄榄树独自膜拜。

你永远不再来，
我永远在等待，
等待等待，等待等待，
越等待，我心中越爱。

往事不记。
也无须再提。

生命有如渡过一重大海，
我们相遇在这同一的狭船里。
死时，我们同登彼岸，
又向不同的世界各奔前程。

泰戈尔的诗句。三毛曾在题为《秋恋》的一篇文章当中引用。
"我亲爱的朋友，若是在那天夜里你经过巴黎拉丁区的一座小楼前，
你会看见，一对青年恋人在那么忧伤忘情地吻着，拥抱着，就好像明
天他们不曾再见了一样。其实，事实也是如此。"

那一年，她还是如此温静可人，充满希望。

而今，你却以这般残酷的方式与世人告别。

1990年年末，三毛因子宫内膜肥厚入院治疗。1991年，1月2日，三毛手术成功，开始疗养。手术之后，母亲缪进兰入院陪伴三毛，与她说话，安慰她。彼时，三毛的精神状态依然不好。起初三毛与母亲说话还是平和的，但后来缪进兰说："忽然间她那头就咕噜咕噜说了些话，比较大声又急，我也听不清。"

诡异的是，三毛从不曾送母亲生日礼物，总嫌俗气。但这年元旦，三毛却提前将生日礼物送给了母亲，但母亲缪进兰的生日分明是下个月。三毛的解释是："怕晚了来不及。"

是极有可能的，三毛一早便下定了自杀的决心。

1991年，1月4日。清晨七点，台北市士林区荣民总医院医护早班查房，发现三毛未在病床之上。待医护人员查看房内浴厕时，才发现三毛的身体半悬于马桶上方，以一条肉色丝袜套住颈部，自缢身亡。事后法医推断三毛的死亡时间是：1991年，1月4日，凌晨两点。

没有遗书，悄无声息地，她离开了。

是年，你只有四十八岁。

三毛去世之后，媒体日日围绕她的双亲二老。是那样不堪重负的时令之下，依然需要为女儿面对世人，保全一个完满。父亲陈嗣庆接受媒体采访时这样评说自己的女儿：

　　虽然三毛距离川端康成、三岛由纪夫、海明威等世界等级的作家还有一大段距离，但我隐约预感，三毛也会走像他们一样的路，我嘴里虽未说出，但心中阴影一直存在。我揣测，她自己也许觉得她人生这条路走得差不多了吧。我很难形容我的女儿，我想她一直感到很寂寞吧。

　　而母亲缪进兰对于三毛以自杀的方式终结生命一直难以接受。但缪进兰是知识女性，她知道如何去迎对，去释怀。后来，缪进兰为女儿写了一篇文章，题为《哭爱女三毛》。文章里，她似乎也不得不承认女儿生前多年便处于精神崩溃的边缘，一度都为厌世心理所困扰。

　　荷西过世后这些年，三毛常与我提到她想死的事，要我答应她，她说只要我答应，她就可以快快乐乐地死去。我们为人父母，怎能答应孩子做如此的傻事，所以每次都让她不要胡思乱想。最近她又对我提起预备结束生命的事，她说："我的一生，到处都走遍了，大陆也去过了，该做的事都做过了，我已没有什么路好走了。我觉得好累。"

　　是在一场衣香鬓影的金马奖典礼之后。

　　她选择了离世。
　　选择了死。

叶胡达·阿米亥有一首诗写得极好。
——《人的一生》。

献给你，亲爱的三毛。

人的一生没有足够的时间，
去完成每一件事情。
没有足够的空间，
去容纳每一个欲望。
《传道书》的说法是错误的。

人不得不在恨的同时也在爱。
用同一双眼睛欢笑并且哭泣，
用同一双手抛掷石块，
并且堆集石块，
在战争中制造爱并且在爱中制造战争。

憎恨并且宽恕，追忆并且遗忘，
规整并且搅混，吞食并且消化——
那历史用漫长年代，
造就的一切。

人的一生没有足够的时间。

当他失去了他就去寻找，
当他找到了他就遗忘，
当他遗忘了他就去爱，
当他爱了他就开始遗忘。

他的灵魂是博学的，
并且非常专业，
但他的身体始终是业余的，
不断在尝试和摸索。
他不曾学会，总是陷入迷惑，
沉醉与迷失在悲喜里。

人将在秋日死去，犹如一颗无花果，
萎缩，甘甜，充满自身。
树叶在地面干枯，
光秃秃的枝干直指某个地方，
只有在那里，万物才各有其时。

水月之空，不过人世。

愿三毛小姐：
在那边，一切安好。

我的名字对你有什么意义？
它会死去，
向大海拍击海堤，
发出的忧郁的汩汩涛声，
像密林中幽幽的夜声。

它会在纪念册的黄页上
留下暗淡的印痕，
就像用无人能懂的语言，
在墓碑上刻下的花纹。

它有什么意义？
它早已被忘记，
在狂烈的风浪里，

它不会给你的心灵，
带来纯洁、温柔的回忆。

但是在你孤独、悲伤的日子，
请你悄悄地念一念我的名字，
并且说：有人在思念我，
在一些时间，我活在一个人的心里。

世事多涛浪，沉浮一念间。

普希金的名作，《我的名字》。仿佛是为了你而写。写你久别人世依然活在千万读者的心底，活在春风沉醉的夜晚，活在朝阳遍地的清晨，活在那些热烈丰盛又伤春悲秋的青春里。

关于三毛死因的考证和猜想，从未停歇。有人说你自杀，有人说你是他杀，有人想知道你轻生的前因后果。世人都在论说你，评断你。但都是无用无意的。三毛的知己眭澔平说：

三毛的死带给人们的是惊讶、悲伤、惋惜、遗憾，或是气愤不解；三毛的爱留给人们的是多、少、厚、薄或是泛；三毛的文学引人讨论的是平实自然、天真烂漫、刚柔相济、海阔天空或是矫揉造作——现在对她来说都不重要。漫漫黄泉路上，她还是如在人间时，只是个飘零孤单的身影。任何的批评猜测或关爱祝福依旧无法减损她的锋芒，当然也依旧无法护持她的内心属于文人亘古的寂寞。

说得实在是好。

三毛生前曾有一篇访谈，题为《假如·还有·来生》。

关于爱情和死亡。

她说："这个世上不会出现第二个荷西。"她说："他是一个心如皎月，身如冬日暖阳的人，他身上有一种特别的光芒，照耀着别人，我们结为夫妻，他把这种光芒反射给了我。……对于死亡这件事，我们曾经戏谑地讨论过，我说：愿意两个人穿戴得整整齐齐躺在床上，手拉手，一起喊一二三，就死了，死后紧紧地合葬在一起，不能分开。"

你连死亡都想得这样美好。
但终究，你敌不过那运命。

关于来生。

她说："假如还有来生，我愿意再做一次女人……做一个完全不同的人，我要养一大群小孩，和他们做朋友，好好爱他们。我的这一生，丰富、鲜明、坎坷，也幸福，我很满意。过去，我愿意同样的生命再次重演。现在，我不要了。我有信心，来生的另一种人生也不会差到哪里去。我喜欢在下次元的空间里做一个完全不同的人，或许做一个妈妈。在能养得起的生活环境下，我要养一大群小孩，和他们做朋友，好好爱他们。假如还有来生，我愿意再做一次女人。"

假如，还有，来生。

多希望，能在人群里，遇见你。

三毛，两岸最具影响力的女作家之一。

如此评说，一点也不为过。纵是三毛离世已逾二十年，她的作品依然久销不衰。个中名篇亦是迷倒无数读者。关于你的文学成就和写作生活，众口不一，褒贬各异。而写作，原本就是你一个人的事，你从未奢望要得名利，你只是，想写的时候写下几行文章，以慰寂寥，以记光阴。

而所有的论断都抵不过你自己的片语只言。
还能有谁，比你自己，更懂得自己。

你说：

我认为写作不是人生最大的幸福。有人问我：你可知道你在台湾是很有名的人吗？我说不知道，因为我一直是在国外。他又问：你在乎名吗？我回答说：好像不痛也不痒，没有感觉。他就又问我：你的书畅销，你幸福吗？我说：我没有幸福也没有不幸福，这些都是不相干的事。又有别人问我：写作在你的生活里是很重要的一部分吗？我说它是最不重要的一部分。

你说：

人生有太多值得追求的事了，固然写出一本好书也可以留给后世很多好的影响。至于我自己的书呢，那还要经过多少年的考验。我的文字很浅，小学四年级的孩子就可以看，一直看到老先生，可是这并不代表文学上的价值，这绝对是两回事。

你还说：

我的文章几乎全是传记文学式的，就是发表的东西一定不是假的。如果有一天你们不知道我到世界哪一个角落去了，因为我又要走了，你们也没有看到我发表文章的时候，也许你们会说："三毛不肯写，因为她不肯写假话。她要写的时候，写的就是真话。当她的真话不想给你知道的时候她就不写。"

文章也罢，经历也罢，你不过只是想要将这一生活到最最真实罢了。活出一个真正的漂亮的毫不做假的不管不顾的自己。你只是，想用最素朴又最浪漫的方式，好好用尽这一生而已。不能决定生，也要决定死。生死也要极致。

你的一生本就是传奇。是几乎环游了世界，是几乎体尝世间极苦与极乐，是几乎拥有极重的名利和极重的失落。你的一生抵得过旁人的几辈子。到如今，流年安然无恙，草木毫发无伤。而你，来人世逡巡一遭，捡拾了破碎与支离，便匆匆与人世告别。你是终究会这样选择，远离尘世喧嚣，安享欢喜寂静。

滚滚红尘，幸得有你。否则，这人间实在是要寂寥好多。否则，这年青一代的青春记忆也会落得几分逊色。甚而，到以后，这人世众生，大约也会因曾经有你，庆幸不已。

起初不经意的你，
和少年不经事的我，
红尘中的情缘，
只因那生命匆匆不语的胶着。

想是人世间的错，
或前世流传的因果，
终生的所有，
也不惜换取刹那阴阳的交流。

来易来去难去，
数十载的人世游，
分易分聚难聚，
爱与恨的千古愁。

本应属于你的心，
它依然护紧我胸口，
为只为，
那尘世转变的面孔后的翻云覆雨手。

来易来去难去，
数十载的人世游，
分易分聚难聚，
爱与恨的千古愁。

于是不愿走的你，
要告别已不见的我，
至今世间仍有隐约的耳语，
跟随我俩的传说。

滚滚红尘里有隐约的耳语，
跟随我俩的传说。

回声是一种恫吓，它不停息地深入人心，要的不过是一个证明。

有人问：这些发生的事情在以后能够记住吗？回声告诉她："是的是的是的是的……"于是她反而哀哭起来。

也许，她自己并没有经历过什么，只是一种缓慢的幻觉低语在她耳边一再呼唤。

当回声在某一刻突然消失的时候，她觉得在这整个时间里，应该做些别的事情，但她不知道是什么，永远也不会知道，永远也不能知道，这是她为何感到悲哀的原因。

于是她写出了"回声"——这一首又一首歌。

就凭着这些，歌唱继续着，甚至更加嘹亮而持久。

在爱的边缘，唯有歌声在告诉她；的确，曾经有些无名的事情发生在一个人的身上。

于是她又趴在地上恸哭，直到再临的救赎将她带去远方。

在深夜里，她醒来，那种声音还是如同潮汐一般在她身畔起伏。而她要的不是这些，她要的是黎明，一种没有任何声音的黎明。即使她如此渴望着，回声还是不肯退去。

——三毛唱片作品《回声》前言

寂静，是属于你的真理。

三毛去世之后，文坛艺界的好友纷纷悼念。

亲爱的三毛小姐。这些，都是他们写给你的话：

林青霞：

我们曾经约好，她带我一起流浪，一起旅行的，但最后她去不了，理由是我太敏感，很容易读出她的心事。通常我与人第一次见面，都会记得对方的穿着打扮，但是三毛那天穿了什么我却完全记不得，只记得她是一个敏感而心思细腻的人，她专注地听我倾吐，也谈论人世间的悲欢离合、爱恨情仇。她的声音像少女般的稚嫩，听她讲话、听她的故事让我入迷，她是个多情而浪漫的女人，我完全被她的气韵所吸引住了。

曾昭旭：

三毛是一个有敏锐的天赋爱心，却缺乏足够的爱之能源的人。因此她所爱的结果都成了她的负担，而终不免透支过度，力竭而死。如果她的爱心迟钝些，她也许反而可以活吧。

眭澔平：

轻轻结束了孤寂，
连串着一生传奇。
你就像蒲公英的哭泣。

痖弦：

我永远珍惜我们共处的美好时光。你写给我的每一封信、赠给我的每一件小玩意儿，我都会细心珍藏。我们在副刊上合作的那些优美版面，以及那些五四以来从没有一个作家做得到的，数千人来听你的演讲会的热烈画面，将是我老年时回忆的食粮。

刘墉：

你是善于自我放逐的人，
但是否这次放逐得远了些?
抑或不落形迹，就更无挂碍了?

琼瑶：

说是了解你的，了解有多深?
说是你的知交，相知有多少?
说你不快乐，到底快乐是什么?

亦都是，你给他们的爱。

说到你，万言千语亦不足够。

但有廖辉英这一句，最是好——

你过一生，抵得上别人的好几世。
生命的意义，或许你的诠释比较美丽。

是为纪念。

亲爱的，
三毛小姐。

（全书完）

附录1 | 三毛相关文录

陈家老二·陈嗣庆（三毛的父亲）

　　我的女儿陈平本来叫作陈懋平。"懋"是家谱上属于她那一代的排行，"平"是因为在她出生那年烽火连天，作为父亲的我期望这个世界再也没有战争，而给了这个孩子"和平"的大使命。后来这个孩子开始学写字，她无论如何都学不会如何写那个"懋"字。每次写名字时，都自作主张把中间那个字跳掉，偏叫自己陈平。不但如此，还把"陈"的左耳搬到隔壁去成为右耳，这么弄下来，做父亲的我只好投降，她给自己取了名字，当时才三岁。后来我把她弟弟们的"懋"字也都拿掉了。

　　有一年，她又自作主张，叫自己Echo，说："这是符号，不是崇洋。"她做Echo做了好多年。有一年，问也没问我，就变成"三毛"了。变三毛也有理由，她说因为她是家中老二。老二如何可能叫三毛，也没有解释，只说：

"三毛里面暗藏着一个易经的卦——所以。"我惊问取名字还卜卦吗？她说："不是，是先取了以后才又看《易经》意外发现的，自己也吓了一跳。"

我听说，每一家的老二跟其他孩子有一些不一样，三毛长大以后也很支持这种说法。她的道理是："老二就像夹心饼干，父母看见的总是上下那两块，夹在中间的其实可口，但是不容易受注意，所以常常会蹦出来捣蛋，以求关爱。"三毛一生向父母抱怨，说她备受家庭冷落，是挣扎长大的。这一点，我绝对不同意，但她十分坚持。其实，我们做父母的这一生才是被她折磨。她十九岁半离家，一去二十年，回台时总要骂我们吃得太好，也常常责怪我们很少给她写信。她不晓得，写字这回事，在她是下笔千言，倚马可待，在我们来说，写一封信千难万难。三毛的家书有时每日一封，什么男朋友啦、新衣服啦、跟人去打架啦，甚至吃了一块肉都来信报告。我们收到她的信当然很欣慰，可是她那种书信"大攻击"二十年来不肯休战。后来她花样太多，我们受不了，回信都是哀求的，因为她会问："你们怎么样？怎么样？怎么吃、穿、住、爱、乐，最好写来听听以解乡愁。"我们回信都说："我们平安，勿念。"她就抓着这种千篇一律的回信，说我们冷淡她。有一次回国，还大哭大叫一场，反正说我们二十年通信太简单，全得靠她的想象力才知家中情况。她要家人什么事都放下，天天写信给她。至于金钱，她倒是从来不要求。

三毛小时候很独立，也很冷淡，她不玩任何女孩子的游戏，她也不跟别的孩子玩。在她两岁时，我们在重庆的住家附近有一座荒坟，别的小孩子不敢过去，她总是去坟边玩泥巴。对于年节时的杀羊，她最感兴趣，从头到尾盯住杀的过程，看完不动声色，脸上有一种满意的表情。

在重庆，每一家的大水缸都埋在厨房地里，我们不许小孩靠近水缸，三毛偏偏绝不听话。有一天大人在吃饭，突然听到打水的声音激烈，三毛当时不在桌上。等我们冲到水缸边去时，发现三毛头朝下，脚在水面上拼命打水。水缸很深，这个小孩子居然用双手撑在缸底，好使她高一点，这样小脚才可打到水面出声。当我们把她提着揪出来时，她也不哭，她说："感谢耶稣基督。"然后吐一口水出来。

从那一次之后，三毛的小意外不断地发生，她自己都能化解。有一次骑脚踏车不当心，掉到一口废井里去，那已是在台湾了，她自己想办法爬出来，双膝跌得见骨头，她说："咦，烂肉裹的一层油原来就是脂肪，好看好看！"

三毛十三岁时跟着家中帮忙的工人玉珍到屏东东港区，又坐渔船远征小琉球。这不可怕，可怕的是：她在东港碰到一个军校学生，居然骗人家十六岁！她交了今生第一个男朋友。

在她真的十六岁时，她的各方男朋友不知从哪里冒出来了。她很大方，在家中摆架子——每一个男朋友来接她，她都要向父母介绍，不来接她就不去。这一点，作为父亲的我深以为荣，女儿有人欣赏是家门之光，我从不阻止她。

等到三毛进入"文化大学"哲学系去做选读生时，她开始轰轰烈烈地去恋爱，舍命地去读书，勤劳地去做家教，开始认真地写她的《雨季不再来》。这一切，都是她常年休学之后的起跑。对于我女儿初恋的那位好青年，作为父亲的我，一直感激在心。他激励了我的女儿，在父母不能给予女儿的男女之情里，我的女儿经由这位男友，发挥了爱情的正面意义。当然，那时候的她并不冷静，她哭哭笑笑，神情恍惚，可是对于一个恋爱中的女孩而言，这不是相当正常吗？那时候，她总是讲一句话："我不管这件事有没有结局，过程就是结局，让我尽情地去，一切后果，都是成长的经历，让我去——"她没有一失足成千古恨，这怎么叫失足呢？她有勇气，我放心。

我的二女儿，大学才念到三年级上学期，就要远走他乡。她坚持远走，原因还是那位男朋友。三毛把人家死缠烂打苦爱，双方都很受折磨，她放弃的原因是：不能死缠对方，而如果再住台湾，情难自禁，还是走吧。

三毛离家那一天，口袋里放了五美元现钞，一张七百美元汇票单。就算是多年前，这也实在不多。我做父亲的能力只够如此，她收下，向我和她母亲跪下来，磕了一个头，没有再说什么。上机时，她反而没有眼泪，笑笑的，深深看了全家人一眼，登机时我们挤在瞭望台上看着她，她走得很慢很慢，可是她不肯回头。这时我强忍着泪水，心里一片茫然，三毛的母亲哭倒在栏杆上，她的女儿没有转过身来挥一挥手。

我猜想，那一刻，我的女儿，我眼中小小的女儿，她的心也碎了。后来她说，她没碎，她死了，怕死的。

三毛在西班牙做了三个月的哑巴、聋子，半年中的来信，不说辛酸。她拼命学语文了。

半年之后，三毛进入了马德里大学，来信追问初恋男友的消息——可见他们通信不勤。

一年之后的那个女孩子，来信不一样了。她说，女生宿舍晚上西班牙男生"情歌队"来窗外唱歌，最后一首一定特别指明是给她的。她不见得旧情难忘，可是尚算粗识时务——她开始新天新地，交起朋友来。业务方面，她很少说，只说在研读中世纪神学家圣·多玛斯的著作。天晓得，以她那时的西班牙文程度怎能说出这种大话。后来她的来信内容对我们很遥远，她去念"现代诗""艺术史""西班牙文学""人文地理"……我猜想她的确在念，可是字里行间，又坐咖啡馆、跳舞、搭便车旅行、听轻歌剧……这种细节她不明说，也许是以为不用功对不起父母。其实我对她的懂得享受生命，内心暗喜。第二年，三毛跑到巴黎、慕尼黑、罗马、阿姆斯特丹……她没有向家中要旅费，她说："很简单，吃白面包，喝自来水，够活。"

有一天，女儿来了一封信，说："爸爸妈妈，我对不起你们，从今以后，一定戒烟。"我们才知道她抽烟了。三毛至今对不起我们，她说："会戒死。"我们不要她死，就一直抽。

她的故事讲不完，只是跳过很多。

三毛结婚，突然电报通知，收到时她已经结好婚了。我们全家在台湾只有出去吃一顿饭，为北非的她祝福。这一回，我细观女儿来信，她冷静又快乐，物质上没有一句抱怨，精神上活泼又沉潜。我们并没有因为她事先不通知而责怪她。这个老二，作风独特，并不是讲一般形式的人——她连名字都自己取，你拿她怎么办？

二十年岁月匆匆，其中有五年半的时间女儿没有回过家，理由是"飞机票太贵了"。等到她终于回来了，在第一天清晨时，她不自觉地向母亲讲西班牙文，问："现在几点钟？"她讲了三遍，母亲听不懂，这才打手势，做刷牙状。等她刷好牙，用国语说："好了！脑筋转出来了，可以讲中文。"那一阵，女儿刷牙很重要，在她转方向，刷好之后一口国语便流出来。有一回，看见一只蟑螂在厨房，她大叫"有一只虫在地上走路！"我们说，那叫"爬"，她听了大喜。

三毛后来怎么敢用中文去投稿只有天晓得。她的别字在各报社都很出名，她也不害羞，居然去奖励编辑朋友，说："改一错字，给一元台币，谢谢！"她的西班牙文不好，可是讲出来叫人笑叫人哭都随她的意。

三毛一生最奇异的事就是她对金钱的态度，她很苦很穷过，可是绝对没有数字概念，也不肯为了金钱而工作。苦的那些年，她真的酱油拌饭，有钱的时候，她拼命买书、旅行。可是说她笨嘛，她又不笨，她每一个口袋里都有忘掉的钱，偶尔一穿，摸到钱，就匆匆往书店奔去。她说，幸好爱看书，不然人生乏味。她最舍不得的就是吃，吃一点东西就要浪费。有人请她吃上好的馆子，吃了回来总是说："如果那个长辈不请我吃饭，把饭钱折现给我，我会更感谢他，可惜。"

女儿写作时，非常投入，每一次进入状态，人便陷入"出神状态"，不睡、不讲话、绝对六亲不认——她根本不认得了。但她必须大量喝水，这件事她知道。有一次，坐在地上没有靠背的垫子上写，七天七夜没有躺下来过，写完，倒下不动，说："送医院。"那一回，她眼角流出泪水，嘿嘿地笑，这才问母亲："今天几号？"那些在别人看来不起眼的文章，而她投入生命的目的只为了——好玩。

出书以后，她再也不看，她又说："过程就是结局。"她的书架，回台湾不满一年半，已经超过两千本，架上没有存放一本自己的作品。

三毛的书，我们全家也不看，绝对不看。可是她的书，对于我们家的"外交"还是有效。三毛的大弟做生意，没有新书，大弟就来拿去好多本——他不看姐姐，他爱古龙。大弟拿三毛的书去做"生意小赠品"。东送一本，西送一本。小弟的女儿很小就懂得看书，她也拒看小姑的书，可是她知道——小姑的书可以当礼物送给老师。我们家的大女儿除了教钢琴谋生之外，开了一家服饰店，当然，妹妹的书也就等于什么"你买衣服，就送精美小皮夹一只"一样——附属品。三毛的妈妈很慷慨，每当女儿有新书，妈妈如果见到人，就会略带歉意地说："马上送来，马上送来。"好似销不出去的冬季牛奶，勉勉强强请人收下。

在这个家里，三毛的作品很没有地位，我们也不做假。三毛把别人的书看得很重，每读好书一册，那第二天她的话题就是某人如何好，如何精彩，逼着家人去同看。这对于我们全家人来说真是苦事一桩，她对家人的亲爱热情，我们消受不了。她一天到晚讲书，自以为举足轻重，其实——

我的外孙女很节俭，可是只要是张晓风、席慕蓉的书籍，她一定把它们买回来。有一回三毛出了新书，拿去请外甥女儿批评指教，那个女孩子盯住她的阿姨说了一声："你？"三毛在这件事上稍受挫折。另外一个孙女更有趣，直到前天晚上，才知道三毛小姑嫁的不是中国人，当下大吃一惊。这一回三毛也大吃一惊，久久不说话。三毛在家人中受不受到看重，已经十分清楚。

目前我的女儿回台定居已经十六个月了，她不但国语进步，闽南语也流畅起来，有时候还去客家好友处拜访住上两天才回台北。她的日子越来越滋润，认识的三教九流呀，全岛都有。跑的路比一生住在岛上的人还多——她开始导游全家玩台湾。什么产业道路弯来弯去深山里面她也找得出地方住，后来再去的时候，山胞就要收她做干女儿了。在我们这条街上她可以有办法口袋空空地去实践一切柴米油盐，过了一阵去付钱，商人还笑说："不急，不急。"女儿跟同胞打成一片，和睦相处。我们这幢大厦的管理员一看她进门，就塞东西给她吃。她呢，半夜里做好消夜一步一步托着盘子坐电梯下楼，找到管理员，就说："快吃，是热的，把窗关起来。"她忙得很起劲，"大家乐"的会头是谁啊什么的，只要问她。女儿虽然生活在台北市，可是活得十分乡土，她说逛百货公司这种事太空虚，她是夜市里站着喝爱玉冰的人。前两天她把手指伸出来给我和她母亲看，戴的居然是枚金光闪闪的老式戒指，上面写个大字"福"。她的母亲问她："你不觉得这很土吗？"她说："嗳，这你们就不懂了。"

我想，三毛是一个终其一生坚持心神活泼的人，她的叶落归根绝对没有狭隘的民族意识，她说过："中国太神秘太丰沃，就算不是身为中国人，也会很喜欢住在里面。"她根本就是天生喜爱这个民族，跟她的出身无关。眼看我们的三小姐——她最喜欢人家这么喊她，把自己一点一滴融入中国的生活艺术里去，我的心里充满了复杂的喜悦。女儿正在品尝这个社会里一切光怪陆离的现象，不但不生气，好似还相当享受鸡兔同笼的滋味。她在台北市开车，每次回家都会喊："好玩，好玩，整个大台北就像一架庞大的电动玩具，躲来躲去，训练反应，增加韧性。"她最喜欢罗大佑的那首歌——《超级市民》，她唱的时候使任何人都会感到，台北真是一个可敬可爱的大都市。有人一旦说起台北市的人冷淡无情，三毛就会来一句："哪里？你自己不会先笑呀！还怪人家。"

我的女儿目前一点也不愤世，她对一切现象，都说："很好，很合自然。"

三毛是有信仰的人，她非常赞同天主教的中国风俗化，看到圣母玛利亚面前放着香炉，她不但欢喜一大场，还说："最好再烧些纸钱给她表示亲爱。"

对于年青的一代，她完全认同，她自己拒吃汉堡，她吃小笼包子。可是对于吃汉堡的那些孩子，她说："当年什么胡瓜、胡萝卜、狐仙还不都是外来货？"我说狐仙是地道中国产，她说："它们变成人的时候都自称是姓胡的。"

只有年青的一代不看中国古典文学这一点，她有着一份忧伤，对于宣扬中国文学，她面露坚毅之色，说："要有台北教会那种传播福音的精神。"

口述到这里，我的女儿在稿纸旁边放了一盘宁波土菜"抢蟹"——就是以青蟹加酒和盐浸泡成的，生吃。她吃一块那种我这地道宁波人都不敢入口的东西，写几句我的话。

我看着这个越来越中国化的女儿，很难想象她曾经在这片土地上消失过那么久。现在的她相当自在，好似一辈子都生存在我们家这狭小的公寓里一样。我对她说："你的适应力很强，令人钦佩。"她笑着睇了我一眼，慢慢地说："我还可以更强，明年改行去做会计给你看，必然又是一番新天新地。"

我有话要说·缪进兰（三毛的母亲）

看见不久以前《中时晚报》作家司马中原先生的夫人吴唯静女士《口中的丈夫》那篇文章，我的心里充满了对吴唯静女士的了解和同情。这篇文章，真是说尽了作为一个家有写书人这种亲属关系的感受。

我的丈夫一向沉默寡言，他的职业虽然不是写作，可是有关法律事务的讼诉，仍然离不开那支笔。他写了一辈子。

我的二女儿在公共场所看起来很会说话，可是她在家中跟她父亲一色一样，除了写字还是写字，她不跟我讲话。他们都不跟我讲话。

我的日子很寂寞，每天煮一顿晚饭、擦擦地、洗洗衣服，生活在一般人眼中看来十分幸福。我也不是想抱怨，而是，好不容易盼到丈夫回家来了，吃完晚饭，这个做丈夫的就把自己关到书房里面去写公事。那个女儿也回到她房间里去写字、写字。

他们父女两人很投缘——现在。得意地说，他们做的都是无本生意，不必金钱投资就可以赚钱谋生。他们忘了，如果不是我照顾他们的生活起居，他们连柴也没得烧。

其实我就是三毛的本钱。当然她爸爸的本钱也是我。

以前她写作，躲回自己的公寓里去写。我这妈妈每天就得去送"牢饭"。她那铁门关得紧紧的，不肯开，我就只好把饭盒放在门口，凄然而去。有时第二天、第三天去，那以前的饭还放在外面，我急得用力拍门，只差没哭出来。她写作起来等于生死不明。这种情形，在外面也罢了，眼不见为净。在台湾，她这么折磨我，真是不应该。

说她不孝顺嘛，也不是的，都是写作害的。

人家司马中原毕竟写了那么多书。我的女儿没有写什么书，怎么也陷得跟司马先生一样深，这我就不懂了。

有很多时候她不写书，可是她在"想怎么写书"。她每天都在想。问她什么话，她就是用那种茫然的眼光来对付我。叫她回电话给人家，她口里答得很清楚："知道了，好。"可是一会儿之后她就忘掉了。夜间总是坐在房里发呆，灯也不开。

最近她去旅行回来之后，生了一场病，肝功能很不好，而且突然又发痴了。我哀求她休息，她却在一个半月里写了十七篇文章。现在报纸张数那么多，也没看见刊出来，可是她变成了完全不讲一句话的人。以前也不大跟朋友交往，现在除了稿纸之外，她连报纸也不看了。一天到晚写了又写。以前晚上熬夜写，现在下午也写。电话都不肯听。她不讲话叫人焦急，可是她文章里都是对话。

她不像她爸爸口中说的对于金钱那么没有观念，她问人家稿费多少毫不含糊。可是她又心软，人家给她一千字两百台币，她先是生气拒绝的，过一下想到那家杂志社是理想青年开的，没有资金，她又出尔反尔去给人支持。可是有些地方对她很客气，稿费来的就多，她收到之后，乱塞。找不到时一口咬定亲手交给我的，一定向我追讨。她的确有时把钱交给我保管，但她不记账，等钱没有了，她就说："我不过是买买书，怎么就光了，奇怪！"

对于读者来信，我的女儿百分之九十都回信。她一回，人家又回，她再回，人家再来，雪球越滚越大，她又多了工作，每天大概要回十七封信以上。这都是写字的事情，沉默的，她没有时间跟我讲话。可是碰到街坊邻居，她偏偏讲个不停。对外人，她是很亲爱很有耐性的。

等到她终于开金口了，那也不是关心我，她在我身上找资料。什么上海的街呀巷呀、舞厅呀、跑马场呀、法租界英租界有多远呀、梅兰芳在哪里唱戏呀……都要不厌其烦地问个不休。我随便回答，她马上抓住我的错误。对于杜月笙那些人，她比我清楚。她这么怀念那种老时光，看的书就极多，也不知拿我来考什么？她甚至要问我洞房花烛夜的心情，我哪里记得。这种写书的人，不一定写那间的题材，可是又什么都想知道。我真受不了。

　　我真的不知道，好好一个人，为什么放弃人生乐趣就钻到写字这种事情里去。她不能忍受朝九晚五的上班族，可是她那颠颠倒倒的二十小时不是比上班的人更苦？

　　我叫她不要写了、不要写了，她反问我："那我用什么疗饥？"天晓得，她吃的饭都是我给她弄的，她从来没有付过钱。她胡乱找个理由来搪塞我。有时候她也叫呀——"不写了、不写了。"这种话就如"狼来了！狼来了！"她不写，很不快乐，叫了个一星期，把门砰一关，又去埋头发烧。很复杂的人，我不懂。

　　对于外界的应酬，她不得已只好去。难得她过生日，全家人为她订了一桌菜，都快出门去餐馆了，她突然说，她绝对不去，怕吵。这种不讲理的事，她居然做得出来。我们只有去吃生日酒席——主角不出场。

　　这一阵她肌腱发炎，背痛得坐也不是、站也不是，还哭了一次。医生说："从此不可伏案。"她说："这种病，只有鞋子可以使我忘掉令人发狂的痛。"她一字一痛地写，一放笔就躺下沉默不语，说："痛得不能专心看书了，只有写，可以分散我的苦。"那一个半月十七篇，就是痛出来的成绩。

我的朋友们对我说："你的女儿搬回来跟你们同住，好福气呀。"我现在恨不得讲出来，她根本是个"纸人"。纸人不讲话，纸人不睡觉，纸人食不知味，纸人文章里什么都看到，就是看不见她的妈妈。

我晓得，除非我飞到她的文章里也去变成纸，她看见的还只是我的"背影"。

现在她有计划地引诱她看中的一个小侄女——我的孙女陈天明。她送很深的书给小孩，鼓励小孩写作文，还问："每当你的作文得了甲上，或者看了一本好书，是不是心里有一种说不出的滋味？"那个被洗脑的小孩拼命点头。可恨的是，我的丈夫也拼命点头。

等到这家族里的上、中、下三代全部变成纸人，看他们不吃我煮的饭，活得成活不成。

红尘中的一粒土·陈田心（三毛的大姐）

我比三毛大三岁，我们姊弟中只有小弟陈杰是到台湾后才出生的，我在上海出生，三毛在重庆出生。父亲与伯父在重庆都做律师，所以抗战后回到南京也是开事务所。在南京，我们家住在鼓楼头条巷附近，那时候，我读小学，三毛在读幼儿园。南京的夏天非常热，我和三毛常会躲到教会的受洗池边，一起吃马头牌的棒冰。冬天下雪的时候，我俩曾把雪放进铁罐子埋在山洞里，想到了夏天可以拿出来吃，但夏天一看，雪都化成水了，铁罐子也锈了。

我们全家1948年搬到台湾。

三毛在小学还好，当时，学生受体罚很常见，也不敢反抗，多半就接受了。但她就是不接受，她的思想就比我们复杂。家里只有三毛一个人敢打破传统。她的自尊心很强，说不愿上学就不愿上学，真的不去。三毛对一切循规守矩的事都觉得很累，自己在家反而看书更多，父母最后只能接受、认同。

三毛不上学后，先和邵幼轩学画，她学画的天分非常高，随手画花、兔子都很生动。和顾福生学画后，她的人生就改变了，如果她一直从事学画，应该是不错的画家。

我妹妹写文章也是无意的，她以前也没想过要当作家。当然，她从小作文就很好，文字堆砌的能力当然好，更重要的是思想，她的感情流露在笔尖，从文章到家信，其实都相当自然不造作。

其实家人过去很少读她的书，最近我才开始全部看一遍，看了一直哭，想到她的真诚、爱心，当时家人相处的时候，大家都有类似的特质，没有什么感觉，现在看她的文章，感触却很深。

她讲过一句话我印象很深，她说：姐姐，我们要尊重钱，我们不要吝啬，但要尊重它，因为这是我们用劳力换来的，不是给我们挥霍的，每分钱都要用在值得的地方。所以，她穿着一直很简便，牛仔衣、牛仔裤、白衬衫，她总能把蓝白两个颜色穿得很美丽。她的眼力又好，总能搭配出自己的风格。刚刚从西班牙回来的时候，她一身长袍配上叮叮当当的饰品，看起来好美丽。

三毛很得异性欣赏，所以很多人都蛮欣赏她，但真的要谈男朋友，应该是"某某"比较像吧，这是三毛年轻、当大学生时候的朋友，家里也都认识，不过没有论及婚嫁。三毛主要的感情对象应该还是那个德国人，非常爱她，年纪比较大，比较稳重，非常博学，很深沉，很有西洋学者的气质。后来因为心脏病去世。三毛很难过，一度想要自杀，因为她一生中，总有些没办法得到的东西，一直存在着遗憾，所以她有时会有些退缩。两人感情很好，可是没有正式订婚，三毛这种人，不可能会配合订婚这些仪式，她会说，不想被你们搞得像小丑一样。

三毛的性格很率直，遇到荷西以后，三毛全心投入。其实三毛第一次遇到荷西的时候，没想太多，也没想到共度一生；但再去的时候，她已经历经沧桑，或许觉得单纯也是一种美丽，因此决定结婚了才和家人提，说明有这个人，以及家庭、人品、相处的情形。

　　所以，荷西走了后，她就无法承受了。不是我父母在，她一定走了，她性格太强烈，绝不按世俗走她的人生。后面这些年，她全是为了父母活着，毕竟三毛还是有中国女孩的顾虑，有高堂在世等问题要顾虑。

　　只是她的一生蛮辛苦的。但她曾说，姐姐，我活一世比你活十世还多。我从小叫她妹妹，但她常说我不够勇敢，不敢真实地面对自己，活在别人期望的角色里。她说：我不是，我要做我自己，不在乎别人怎么看。

　　关于她的自杀，我们都知道她可能有这一天，但不是那个时候。她其实是个相当注重整齐、漂亮的人，从不愿意以睡衣示人，连在家看她穿睡衣的时间都不多，怎么会穿着睡衣离世？

　　但我想她其实对死亡也有种好奇心，总想看看是怎么回事，所以她以前还想过，死的时候要怎么摆花；因此我们家人一直不相信她是自己要走的，也不愿相信这是事实，真要走，不该先打扮、化妆完成几个心愿吗？她都没有。

　　可能是她觉得就这样离开也很好，或是在天上很好，让她更放松，所以就不愿回头，一路地走了。平常人常觉得死亡是不好的事，我们惧怕死亡，但或许死亡更好，只是自己不知道。一切都只在她的内心，所以没人能救她。

流浪的心灵使者·南方朔

近代有两个"三毛"。

老的"三毛"是前辈漫画家张乐平在漫画《三毛流浪记》里虚构的流浪儿。"他"产生于1947年，在他的遭遇里浓缩了那个时代的社会黑暗面与人性的光明面。

而后来的"三毛"，则是1976年崛起的台湾女作家陈平的笔名。在她1991年1月自杀身亡之前，已出书二十四册。她以一种浪漫、异国流浪、洒脱、自在的形象享誉海峡两岸，得到众多读者的崇拜与追随。

虚构的"三毛"，代表的是过去下层民众社会里的孤苦小人物，而真实的"三毛"也在流浪，将自己放逐到海角天涯。

以"三毛"为笔名的陈平，根据她逝后出版的《亲爱的三毛》里所列出的生平，我们知道她是浙江定海人，1943年3月26日生于重庆。她自幼早慧，五岁半就在看《红楼梦》，初中时看遍市面上的世界名著。初二时辍学，由父母教育自学，在诗词古文和英文等方面打下了基础，又先后跟随顾福生和邵幼轩两位画家习画。1964年，获文化大学特许，在该校哲学系当旁听生。1967年她再次休学，只身赴西班牙。三年之间，先后读过西班牙马德里大学、西班牙歌德书院，又在美国伊利诺伊大学法学院图书馆工作了一段时间。1970年返回台湾，至文化大学德文系和哲学系任教。后因未婚夫猝逝，她再次离台，又到西班牙，与苦恋她六年的荷西重逢。

三毛于1973年在西属撒哈拉沙漠与荷西结婚，此后她即开始写作散文。1974年第一部作品《撒哈拉的故事》结集出版，广受好评。1979年，荷西因潜水意外身亡。1980年（据查证，应为1981年），她回到台湾，决定结束流浪异国十四年的生活。当年11月，《联合报》赞助她往中南美洲旅行半年，回来后写成《万水千山走遍》，并在台湾环岛演讲，名声大噪。此后即写作、演讲、授课，1990年写成电影剧本《滚滚红尘》。1991年1月4日自杀身亡，只活了四十八岁。

三毛在台湾，其实已不是单纯的作家而已，毋宁称为"三毛现象"，而所谓"现象"，必然是她具有某种能够反映时代共同需求的特性。

在此，我们可以把三毛和早她大约二十年的日本女作家犬养道子相对比。

犬养道子乃是犬养毅的孙女，犬养毅则是孙逸仙先生之友，曾任日本首相，但被激进的皇军军官所暗杀。由于家世不凡，战后犬养道子只身留学美国和法国，并游历了英国、荷兰、西班牙、意大利和比利时等国，前后达十年之久。而后于1957年返回日本，开始专事写作，除了写她近十年的流浪经历外，也从事评论写作。但尽管她著作甚多，真正让她扬名立万的还是她第一本著作《千金流浪记》，创下了日本战后最畅销的纪录。

犬养道子的《千金流浪记》，即便今日读来，仍感到亲切动人。当时的日本，由于在朝鲜半岛战争里得到了发展的机会，1956年的《经济白皮书》正式宣布进入稳定成长期。人们终于摆脱了战后可怕的贫穷，生活渐趋好转，对未来也充满了憧憬。这时候，名门千金犬养道子只身走天涯的那种浪漫情怀，非常应时地满足了人们的需要。而除了异国流浪这种浪漫因素外，犬养道子本身也才华不凡，她会多国外语，到每个地方都惬意自在，到了意大利的佛罗伦萨，她甚至还会用半生不熟的意大利语背诵几段但丁《神曲》里的句子，也会哼唱《葛里国端圣歌》里的一些段落。她的这种才情，又怎不使当时亟欲打开眼界的人们钦羡不已呢？

因此，犬养道子的《千金流浪记》创下战后畅销书纪录是自有道理的。因为她的文章满足了当时普通日本人的憧憬与渴望。对日本的年轻女读者亦然。战前的日本，妇女地位甚低，战后由于被美军占领而逐步地西化，妇女地位多少已有了一些改善。这时候，一个名门千金只身闯天涯的经历，对年轻妇女是多大的鼓舞啊！女读者在她的文章里找到了梦想寄托。

另外不能疏忽的一点，乃是女性自我剖白和自我呈现的表达，在过去非常少见，而今却有一个名门千金，把她在异国打工和流浪的经历与感思表现出来，对一般读者而言，这也相当程度满足了他们窥探的心理。

《千金流浪记》的走红，也可以对照说明三毛现象的风靡。

20世纪70年代的台湾地区，刚走完战后贫穷、封闭、欠缺自由的艰苦时代，在1975年左右，人均收入已超过三千美元，整个社会风气日渐自由，结束了苦闷无力的阶段。逐渐安定、松弛的生活状态，是人们开始产生憧憬的时刻。

这时候，像三毛这样的女子，只身到人们并不熟悉的远方流浪，在她的流浪剖白里，充斥着似真似幻的爱情表现。这使得对比三毛和犬养道子时，三毛除了流浪、才情等之外，还多了爱情这个对读者最重要的元素，走得更远更深了。这对那个时代的读者，特别是年轻的女性读者，满足了她们对流浪与爱情永恒的想象。

因此，在大陆改革开放后，走红台湾的三毛也能吸引到大陆的读者，最关键的原因，或许即在于她所反映的是某种程度的自由，乃是这种社会形态下某种女性共有的期待和情绪：对自己感情世界的自主，以及能走出生活牢笼、呼吸开阔空气的期待。20世纪70年代中期的台湾，经济上已进入小康社会，政治气氛也趋于松弛，"自由"的气氛开始弥漫在每个领域，年轻女性尽管由于社会条件的限制，不太能够在公共角色上与男子一争长短，但在生活领域和感情领域，朦胧的自觉却已开始浮现，三毛的角色就是在这片天空里，三毛式的女性个人主义，也是那个时代的代表。

不过，在享有声名之后，三毛却和长她一两辈的女作家谢冰莹、徐钟佩、张秀亚、林海音、薇薇夫人等女作家不同，除了女性意识下的写作特征外，就西方文学叙述观念而言，她的写作具有很强的"自剖自白性"（confession），这种掏心掏肝的写作方式，满足了读者，却是把痛苦丢给了自己。

三毛成名后活动频繁，谤誉当然交相而至。与她同辈的另一女作家廖辉英，在《皇冠》杂志的纪念文章里，做了这样的评论："她（三毛）成名之后，一直在舞台之上，光圈之中，众人瞩目。作为一位公众人物，我很知道她处世的困难，因为读者要求她的，对她而言，带着极大勉强的成分在，与真实的三毛，有着相当的距离。……三毛本身，即是一个传奇，有关她的传言便多得不胜数。有些甚至相当离奇，包括荷西的存在与否，或荷西的存殁问题等，非常骇人听闻。"

因此，以"自剖自白"作为写作题材的名人三毛遂难免掉进了一种陷阱中。她成了名人，被人窥视，必须更加暴露自己，而人们对她所暴露出来的部分，则疑真疑假。那是一个恶性循环圈，愈出名也就愈不快乐，最后三毛自我了断于生命沉重中，或许有这样的原因存在。三毛在自杀前曾告诉友人说她是"不自由"的。她的这种感觉，也反映出自我暴露、被窥视、成名的负担等恶性循环的道理。

而今离当时三毛崛起文坛已逾三十年，时光荏苒，无论我们怎么看待三毛这个人，她作为特定时代具有表征意义的代表人物这一点，终究是无法被磨灭的，自由自在地流浪，乃是人们亘古以来的一种梦想，那种自由不也是你我所渴望的吗？

访三毛、写三毛·心岱

外边的雨猛敲起玻璃窗，像个粗鲁的访客，谁也不知道它为什么突然闯了进来，那样气急败坏地吼叫；我先被赶进计程车里，然后避到一幢大楼。这幢大楼矗立在城市的一隅，跟其他的大厦相同，也濒临车群川流的街道，但因为独具了另种气势和风格，总让我感觉它是贴在宇宙颈间的一块琥珀，闪闪射出尊贵的华光。当人们仰视它的时候，却又能嗅到泥土般亲切的气息。我常常很偶然地来到这里，现在纯粹是为了躲过那雨的急追。踏上回旋的梯阶，我向着一堵相当厚实稳重的大门跑去。雨打湿了我的臂膀，使我隐隐感到凉意和不安。但觉得自己被快乐拥抱，紧紧拥抱。我从不企盼这里属于我，就如同这座城市不是属于我一样。然而，我却能恣意地去爱它们，用我整个胸怀的热情，于是，我感到它包容了一切，给我生命，给我温暖，给我成长。

步上最后一阶，我惊讶大门是洞开的，似乎刻意迎着我，我犹豫了一会儿，伸手去按铃，但里面好像并没有人，我等了约莫三分钟，便径自进去室内。这是一间布置相当典雅，且颇为华贵的大房间，呈U字形。左边是一列高背椅围绕着椭圆形的会议桌，右边是一张私人的办公桌，中间则安置了与整幢楼相配色调的沙发，洋溢了一种温厚、舒适的气氛。

显然，主人不在家，他为何让门开着？他知道我要来到吗？还是这幢楼等待着的是另一位访客？我为自己的不请自来感到羞赧，赶紧从沙发跳起来，把目光停在壁上挂的几幅画，这里的主人是一个谜样的人物，我无法洞悉他的年龄、生活，甚至爱恶，他向来独来独往。我仅能了解的，除了他待人和善、坦诚之外，就是他有一双特殊的眼睛，敏锐而深沉，看得远，看得透。他能很世俗，也能很高超；对于好的艺术品，他懂得追求、收藏；对于富艺术禀赋的人才，他更懂得发掘、培植。我流连在这主人的画廊、书廊，感受着他那种胸襟与魄力所给予一个艺术热爱者的撞击、激动。

雨不再暴跳了，它们在窗前垂成一幕珠帘，温顺地挡遮了我的眺望。我不知道为何忽然有点焦虑；当我想取一本书来读，以便填塞在一幢大楼里独处的空旷时，赫然发现两张靠在书柜下方的画，我停了伸出的膀子，一下子蹲坐在地上，有趣地瞪着这两张风格互异的画。对于绘画艺术，我只喜欢，谈不上欣赏；这两张画之吸引我，并非我认为好或者不好。初时，是它们那被搁置的姿态使我感到滑稽。它们的模样是刚从装裱店里出来，歪在树干等待风干的闲散。事实，它们都是尚未装裱，连框子也没上，甚至看得出有些风尘。我望着它们，竟又联想起一双流落异乡的浪子，他们甫跳下火车，两张还稚气的脸充满了青春、理想的色彩，他们依着路旁的电线杆，急急促促地睡着了。

这样的印象和轮廓，越发牵引我向似曾相识的熟稔。我定神地凝视其中一幅油画，它用一块块橙红的油彩将画布涂得满满的，看似非常抽象，但作者利用几道黑色的线条又把这整片橙红分隔得十分具象。无疑，谁都可能直觉出那是一片被太阳烘晒的荒原，干枯的树枝和崩裂的地缝，叫人感到焦虑，甚至愤怒。可是，当这些直觉逐渐沉淀时，仿佛有股暖流流过心底，赶走了那强烈色彩所反射给人的阴影。这才，我发现作者在这幅画中舍弃对光线明暗的处理，是很刻意的技巧。他在那样的炙热中，展现出一种似平面又近立体的世界。我想起海洋的壮阔，想起沙漠的无涯，那何尝不是我在幼龄时候幻想的一个孤单的宇宙。当我长成后，我却曾经向往过。如今，我偶然在这画中寻到了过往的轨迹，我几乎看得见画者作画时的真、纯、骄傲。久久，我偏过头看左边的另一幅国画，这幅和油画风格迥异的国画具备了完全不同的技法和味道，但有种感觉告诉我，这是出于一个人的手笔，这幅画的确是国画中极常见的题材——戏鸭图，有别于线条富有工笔的练达，却更见泼墨的传神。更可贵的是画者那份追求放任、自由的心性，借用墨笔，把两性的和谐与爱表露无遗。适当的留白也显现画者具备的禀赋。我念着上面题的诗"沙上并禽池上暝"，还有作者"陈平"的落款。我惊呆了，登时跳了起来，环顾四周，我必须找到一个人，在这幢楼里，让他告诉我，这陈平是谁？是不是三毛？是不是就是那个写了《撒哈拉的故事》的三毛？

一个人的思维被召唤时，他会显得多么智慧和愉快，我的焦虑渐渐被这种感觉淹没。我猛然明白了一桩事，这房间的大门全然为了我和这两幅画的见面而开。我的来到或是这主人有意的安排，雨不过是种媒介。它让我来，也将带我去，去找到我此刻迫切的企盼。无疑的，艺术品之被肯定，作者的真知是足以探索其价值的根源。我关心这两幅画，我自然也关心画它们的人。陈平，我知道我和她不仅仅并立在这幢大楼里，我们应该还有其他的角落。仿佛进入雨的森林，我可能会迷途，但我深信，那个约会的召唤就像星辰一样，为我划定方位，会让我安然地走出森林的尽头。虽然我早已离开大楼，可是我还能享受他人给我的种种庇护，它将陪同我直到见到那不相识却相知的朋友。

没有地址，但在城市要寻找大厦并不太困难，尽管这座城已被大大小小的屋厦围困。大厦是城市唯一的标志，那么橙红是不是沙漠的唯一色彩？我的意念被雨渲濡得几分朦胧。那块橙红霎时间拓展成一种壮丽，我依凭着它在找寻，由一幢楼转换到另一幢楼，我的腿很累，满腔的热情却愈燃愈炙，我自信在某种巧妙，我和她将得到约定的结果，那是会面之外的收获。

_ 三毛

我在门外喊，立刻门被打开了，没来得及互望，我们的手就交握一起。这一刻的等待或说应该追溯到更早更早；某一日的午睡，我躺在床上读报，在睡前，我喜欢有音乐和小说。这天，我展阅的是联副上一篇——《荒山之夜》。作者三毛的作品，我已经很熟悉，她叙述的故事很吸引人，仿佛仙人掌花，给我一种迷幻的诱惑，我很少去分析它是真是假。若我把它当成一篇作品来读时，我被其中洁净如清流的文字感动；若我把它当成一种俗世生活的追求时，我竟带着眼泪去看作者在异乡的种种奇遇，她的浪迹拖曳着我对冒险追求的胆怯。《荒山之夜》有如紧张动作影片，我确确实实为它捏了一把冷汗。而后，我发现自己像被海水整个淹没，海水退去时，我的身上浮出了洁白的小晶体，在阳光下闪烁着它们的亮光，我知觉着一种奇异的再生。就这样，我从三毛一系列的沙漠故事体认出生活真实、生命自由的可贵。

"你知道我什么时候就认识你？"

她的大眼睛和黑发是属于吉卜赛女郎才有的喜乐和奔放，我仿佛听到吉他的乐声从她嘴里唱出来，她在问我；露出两排参差不齐，充满顽童的无邪、精灵的牙齿。

我摇头，虽然我明白她说的"认识"是什么，但我无法回答，喉间哽塞了满满的激动。我想起人际关系的微妙，有些人处了一生一世也不能相知了解，有些人不曾认识，但那点共通的东西必会让他们相见、相聚。

_ 画题

我对她谈起天黑之前我在一幢大楼里看见的画，我说那是不是一种巧合，"你小时就想过要去沙漠吗？"

"那是我十多岁时的作品。"她笑得很稚很甜。谈到画，那该是她最早接触艺术的尝试。

"小时候身体不太健康，初中休学在家。父亲问我要做些什么，我自己也很模糊，后来他把我送到黄君璧老师家里学国画。我拿了画笔，就期望能在画中探索生命的问题。可是国画的学习是老师画一张，你临摹一张，这跟念古诗的方法一样，使我觉得很呆板无趣。其实后来我也体会到这样还是有他的道理，只是当时年纪小，不能理解，总想办法排斥它，反抗它。同时那时候去习画的大都是些官太太，她们把绘画当作一种很奢侈的东西看待。我感到寂寞、失望，以为国画距离我很远，后来我不肯去了。我的母亲认为我不喜欢画山水，我也真以为自己不喜欢山水，便画一些比较写意、泼墨的东西。接着我又跟邵幼轩老师习花鸟，她十分疼爱我，也知道我的个性，她拿出她的画给我临摹，还曾教我自己画一张，让我有自由表现的机会。"有一次，我碰到一个朋友，他会画油画，他拿出他的画给我看，上面是印第安人打仗。我觉得好惊奇，他的油画怎么都是立体的，而国画怎么都是平面的。那时候我十分迷卡通，对油画因而感到好奇，我的朋友介绍他的老师，从此我就在顾福生老师处学习素描。他是五月画会的人，他不只教我绘画，同时还教我很多别的。他经常拿《笔汇》杂志给我看，那时候正介绍波特莱尔、左拉、卡缪等人的作品。我虽然看不太懂，但第一次我看到《笔汇》上的小说——陈映真的《我的弟弟康雄》和《将军族》，我很感动，我才知道文学是这样的吸引人。我觉得顾老师是我最大的恩人，他使我的眼睛亮了起来，像一个瞎子看到了东西一样。我一生都要感谢他。"我在顾老师处学习了一两年，就说要画油画，这是不可以的，可是顾老师说没关系，他问我以后要不要做一个画家，我说不要，他看我画了很多的风景画，并不是实际去写生，我画的只是我脑里所想的风景，因此老师把我当成一个素人画家。在那种年龄所画的是谈不上技巧，却还是有我自己的内涵。我不是一个能够苦练下功夫的人，如果我能苦练，也许在绘画上会有点小成就，不过直到今天我还不断地在画。绘画也是一种语言，它会召唤我，所以每到一个美术馆去看画展，如果有一张好画，我一定会进去，无论它是什么派别，我都静静地坐在那里看，因为那一张画会召唤我，吸引我，抓住我。"虽然我经过生活上这么多的波折，但对艺术的爱好、追求是一种必须的认可。我还没有收藏的能力，可是欣赏的能力，从小到现在都一直在提升。"

这一点肯定是非常正确的。我感谢那两幅画为我塑造了陈平——一个十多岁的女孩——的影像，她简直像一轮小太阳，全身橙红，她照亮了我眼前的这位三毛。她从沙漠来，从那幅油画中归来。

这是一篇登载在《出版月刊》杂志上的作品，当时她在大学二年级念哲学系，写一个女孩跟她的男友闹别扭后，情绪上的波动。"惨不忍睹！"

对于自己早期的东西，每一位写作者都会感到它的不成熟。但那是一种必然的过程，"是的，如果没有那过程，就写不出今天的东西。现在我变得这样的平淡，甚至连情感都看不出来。很多人都说我在技巧方面需要加强，要写出我的情绪，我的心境，而我现在已经是那样平淡的人，我的情绪，我的心境就像白开水一样，为什么要特别在作品中告诉人家我的情绪就是这样。撒哈拉沙漠完全是写我自己，一个如此平淡的我"。继《撒哈拉的故事》之后，皇冠即将出版她早期的短篇小说集，尽管这是一本风格与现在截然不同的书，但由此也足见一位写作者的心路历程。"《雨季不再来》还是一个水仙自恋的我。我过去的东西都是自恋的。如果一个人永远自恋那就完了。我不能完全否认过去的作品，但我确知自己的改变。从这一本旧作的出版，很多人可以看到我过去是怎样的一个病态女孩，而这个女孩有一天在心理上会变得这样健康，她的一步一步是自己走出来的。这是不必特地去努力，水到渠成的道理，你到了某个年纪，就有一定的境界，只需自己不要流于自卑、自怜，慢慢会有那一个心境的，因为我也没有努力过，而是生命的成长。"

雨季真的不再来了。她豁然、笃定的神情给我无限的感触。谁不会长大，而她的长大并非完全因为她去流浪天涯。流浪只能增加她的阅历，每到一个国家，一个地方，她必要观察，这种观察培养她思考、分析的能力；阅历是造成她思想上的进步，也许这会使她变得更现实，更能干，在人生的境界上，这也算是一种长进。"但我认为我真正的长大，是我在情感上所受过的挫折与坎坷。"

_ 她的伤痕

"我经历过一个全心全意相爱的人的死亡，他使我长大许多许多，从那时候起，我才知道生死可以把它看得那么淡，当时当然很伤痛，但事后想起来，这个离别又有什么了不起。甚至我不再期望将来有一个天国让我们重聚，我觉得那不需要了。我的人生观因为这人的死亡有了很大的改变，我在他身上看穿了我一生中没法看穿的问题。"

人的相爱并不要朝朝暮暮，能够朝朝暮暮最好，不能朝朝暮暮也没什么。她体认到了这一点，因此能毫不隐蔽她的创伤，她要让她的伤痕自然痊愈。

"从前，我对结婚的看法是以爱情为主，个性的投合不考虑。我不否认我爱过人，一个是我的初恋，他是一个对我影响很深的人。另一个是我死去的朋友。一个是我现在的丈夫。如果分析爱情的程度来说，初恋的爱情是很不踏实、很痛苦的，假使我在那个时候嫁给初恋的人，也许我的婚姻会不幸福。第二个因为他的死亡，他今天的价值就被我提升了。也许他并没有我认为的那么好，因为他死在我的怀里，使我有一种永远的印象。而他的死造成了永恒，所以这个是心理上的错觉。我跟我先生没有经过很热烈的爱情，可是我对婚姻生活很有把握，因为我知道他的性情跟我很投合，我们的感情在这种投合中产生。"个性的相投并不是指我爱看这本书，他就非要爱看这本书，有些人会曲扭了这种真意。

说到她的先生，一种幸福、快乐、骄傲的神色洋溢在她的脸上。

荷西

谁都知道她的丈夫——那个留大胡子的荷西，他是一个很粗犷的男子，他不会对她赔小心，也不会甜言蜜语，甚至当她提一大堆东西时，他会顾自走在前面把她忘记了。他回到家，家就是他整个堡垒。在沙漠的时候，他常突然带朋友回来吃饭，她只好千方百计去厨房变菜，他们一大伙人喝酒、欢笑，一晚上把她忘在厨房里，等她出来收盘子洗碗时，荷西还不记得她没吃过饭呢。这样的事初时委实令她难过，以为他忽略了她；但是渐渐地，她了解了，荷西在家里是这样自由，那才是他嘛。要是他处处赔小心，依你，那他不是成了奴隶。"我要我的丈夫在我面前是一个完全自由的人，因为他到外面去是一个完全不自由的人，他有上司，有同事，他已受了很大的压力。为了赚钱，为了我，他才来沙漠。那为什么他在家时，他愿意看一场电视侦探片，我就觉得很肤浅。我怎么能要求他做一个艺术家。他像一个平原大野的男人，我不让他对我说什么甜言蜜语，但我可以完完全全地了解他。"

在爱的前提下，一个了不起的丈夫是可以包容一切的。在以往，她认为爱绝不是一种包容，你要发泄，你就发泄，追求理想主义的她总是说要真诚，不必容忍，两个人相爱就可以同居，不相爱就分离。"但是直到我遇到了荷西以后，我改变了我的观念。有好几次因为身体不舒服，再加上本身脾气暴躁，气量狭窄，我找事情跟他吵闹时，我看他这样的忍耐，一句话也不说。他原是很有个性的人，可是在爱的前提下，他一切包容了我，他不必把爱字挂在口上或行动上。荷西是我大学的同学，他比我还小一些。我结婚的时候，我就决定做一个好妻子。"

一个多么可爱又可贵的女人。她认为浪漫两个字都是三点水边，是有波浪的东西。如今，她的内心并非一片死水，她是有如明镜般的止水，平静明丽，这种境界当然是婚姻带来的。她爱荷西，愿意为他生儿育女，如果环境好的话，她要生更多更多，因为是他的孩子。

"如果我没有他的孩子，是我很大的遗憾。这个时候，我不仅仅要一个孩子，我要的是他的孩子，这孩子才是我们两人生命的延续。"病容掩饰不了她大眼睛里炯炯的光辉，做一个妻子真好，做一个母亲更伟大，她的期待应为天下人来共同祝福和祷告。

她纤瘦秀丽的外形，使人无法相信真是撒哈拉的故事里的那个三毛。虽然在沙漠时，也闹着小毛小病。打去年10月31日，因为时局的关系，她被逼着离开沙漠，有十五天她没有荷西的消息。"我是先乘飞机走的，他则自己开车到海边。我知道如果我要赖，硬要跟他在一起走时，就会造成他的累赘。他是一个男人，他怎么逃都可以，带了我反而不能了，于是我才先走。"那半个月，她几乎在疯狂的状态下。她在岛上等他的消息，每天一早就上机场，见人就问。

"我每天抽三包烟，那是一种迫切的焦虑，要到疯狂的程度。夜间不能睡，不能吃，这样过了十五天，直到等到了荷西，以后身体忽然崩溃了。荷西在岛上找不到工作，我们生活马上面临现实的问题，他只好又回去以前的地方上班。我虽然告诉他，我很健康，很开朗，一个人也可以过得很好，事实上，我知道我不行的，我骗了他。"

尽管分离短暂，但战乱之中，谁对自己的生命有信心。荷西每一趟回家，对她就像过一个重大的节日。在确定的两天之前，她就兴奋着，而他一回来，立刻跑在她面前，抱着她的腿，他不愿她看见他的眼泪，把头埋进她的牛仔裤里不肯起来。荷西还是一个孩子，他对她有一种又是母亲又是妻子的爱情。她有些呜咽，但我知道她不是轻易会掉泪的女子。她并非贪恋太平盛世的祥和，她是为了一群在烽火泪里奔波劳苦的子民悲悯。"荷西第二天又走了，我便一直病到现在。这种情绪上的不稳定，我无法跟我的父母或朋友倾诉。我想这也不是一种不坚强，你知道，我想你在这个时候一定比我更能体会……"我点点头，我自然能了解，但她无须我的安慰。因为她是个最幸福的女子，她对爱的肯定和认可已经超出了一切价值之上。"后来我出了车祸，荷西打电报给我，说他辞了工作要回家。其实他还可以留在那边继续工作，他的薪水刚刚涨，但他毅然地不做了，他知道我病得很重。"

_ 浮生六记

"荷西有两个爱人，一个是我，一个是海。"

她又开朗地笑了。虽然她饱受生活的波折，但她似乎不知道哀伤是什么，她没有理由要哀伤，只有荷西离开她去工作的时候她才觉得痛苦，荷西是她生命的一切，她谈他时，充满了荣耀和狂傲。我早已知道他是一个爱海洋的人，终日徜徉在海洋的壮阔中，这个男子必定不凡。

"他对海是离不开的，在大学时读的是工程，但他还是去做了潜水工作。每一次他带我去海边散步，我们的感情就会特别好，因为他知道海的一种美丽。他常跟我说起他跟一条章鱼在水里玩的情形，说得眉飞色舞。我想他这么一个可爱的男人，为什么要强迫他去了解文学艺术。如果以我十八岁的时候，我绝对不会嫁给他，我会认为他肤浅，因为我自己肤浅。今天我长大了，我就不会再嫁给我初恋的人，因为荷西比那个人更有风度，而且是看不出来的风度与智慧。

"荷西讲天象，他懂得天文、星座，讲海底的生物、鱼类……他根本就是一个哲学家，当他对我讲述这些的时候。"

"我认为台湾的男孩子接触大自然实在太少了。他们可以去郊游，但那不是一个大自然，不是一个生活。你无法欣赏，你就不能成为大自然的一部分，因为你终究还要回到现实，这是很可悲的。"她的感叹绝不只是一种批判或嘲弄，因为她的胸怀里饱尝了有爱，有悲天悯人的爱。在生活的原则上，她是相当执着和坚持的，她情愿天天只吃一菜一汤，甚至顿顿只吃面的日子，也不愿意荷西去赚很多钱，然后搬去城里住，让他做一名工程师。"我跟他在一起，是我们最可贵的朴素的本质。"

我相信她把她跟荷西美满的婚姻生活写出来，又是一本《浮生六记》。

_ 三毛

为什么会取这样的笔名，我问，这几乎是所有读者关心的一件事。"三毛是一个最简单、通俗的名字，大毛、二毛，谁家都可能有。我要自己很平凡，同时，我也连带表明我的口袋只有三毛钱。"这一趟回国来，除了养病以外，她又重做了一次孩子，在父母亲的怀里。"我想我从来不会这样爱过他们。过去我对我母亲的爱只感到厌烦，很腻。现在再想起来，我觉得我已能领会、享受他们的爱的幸福，我完全了解他们对我的爱了。所以我在走的时候，我自己一定要控制得住，如果连这一点我都做不到，那么回到沙漠我一定很痛苦，所以我必要想得开，人的聚散本是无常的。"她的坚定、豪迈还留存了早年画那幅一片橙红时的胚胎；陈平她蜕变成三毛，可是那轮小太阳依然属于三毛，谁都可以感觉到她辐射的爱是如许动人。

1943年 / 1岁

是年。3月26日，三毛出生于重庆。

取名为陈懋平。祖籍浙江省定海区。

1946年 / 3岁

因觉"懋"字难写，自作主张便把它去掉，改名陈平。

1948年 / 5岁

随父母迁居台湾，入台北国民小学读书。

1954年 / 11岁

三毛入台北省立女子中学学习。

1955年 / 12岁

初二，受墨汁涂面打击，以及为看小说开始逃学。

后休学在家。

1956年 / 13岁

一度复学，后正式退学。

开始练习写作、音乐、绘画，切腕自杀获救。

1962年 / 19岁

以陈平名义在《现代文学》发表第一篇作品《惑》。

1964年 / 21岁

得到中国文化大学创办人张其昀的特许，

到该校哲学系当旁听生，课业成绩优异。

同年，与舒凡（本名梁光明）相识，开始初恋。

1967年 / 24岁

初恋失败，三毛远赴西班牙马德里大学文哲学院留学。

圣诞初，结识西班牙少年，荷西。

1968年 / 25岁

与荷西分别。漫游欧洲，包括巴黎、慕尼黑等地。

1971年 / 28岁

返回台湾，任教于文化大学和政工干校。

1972年 / 29岁

与一德裔男子相恋。

结婚前夕，未婚夫心脏病突发猝死。

是年冬日，再赴西班牙，重遇荷西。

1973年 / 31岁

与荷西相爱，一起迁居撒哈拉沙漠。

7月，与荷西在西属撒哈拉小镇阿雍结婚。

10月6日，以笔名"三毛"发表第一篇作品《中国饭店》。

1976年 / 33岁

三毛与荷西移居大加那利岛。

是年5月，由皇冠出版社出版《撒哈拉的故事》。

1979年 / 36岁

随荷西到特内里费岛十字港生活。

9月30日，荷西在水下工作时意外丧生。

1980年 / 37岁

5月，重返西班牙和加那利，开始孀居生活。

1981年 / 38岁

三毛回到台北定居。

11月，开始中南美之行。

1982年 / 39岁

10月，返回台湾任教于中国文化大学中文系文艺组。

首部游记《万水千山走遍》出版。

1984年 / 41岁

赴美度假治病。

1985年 / 42岁

三毛一度记忆紊乱，精神状态处于崩溃边缘。

1986年 / 43岁

10月，三毛正式回到台北定居。

同年，三毛被媒体评为"最受读者喜爱的作家"。

1988年 / 45岁

6月12日，给"三毛爸爸"张乐平写第一封信。

1989年 / 46岁

4月，大陆旅行，回故乡定海探亲。

同年开始创作电影剧本《滚滚红尘》。

1990年 / 47岁
是年4月，三毛参加一个台湾的旅行团，赴新疆旅行。

当到乌鲁木齐时，她离队找到王洛宾。

同年，《滚滚红尘》获金马奖八项大奖。

1991年 / 48岁
是年1月，三毛因子宫内膜肥厚入院检查治疗。

次日，进行子宫手术。手术成功。

4日凌晨，被发现在医院以肉色丝袜绕颈窒息致死。

终年，48岁。